CHOIX DE POÈMES

(1955-1997)

Fondée en 1944,
par Luc Lacourcière, Félix-Antoine Savard
et Paul-Aimé Martin,
LA COLLECTION DU NÉNUPHAR
rassemble des œuvres marquantes
de la littérature québécoise.

Fernand Ouellette

CHOIX DE POÈMES

(1955-1997)

PRÉSENTATION
DE GEORGES LEROUX

COLLECTION DU
NÉNUPHAR

FIDES

Note: Le choix des poèmes proposés fait ressortir davantage les bornes d'un *parcours* qu'il ne sélectionne les « fleurs » d'une *anthologie*. Je n'ai donc pas hésité à réviser quelques poèmes en changeant certains mots, et même en supprimant ou en réécrivant des vers. On retrace les sources publiées en se référant au *Du même auteur*. Les dates indiquées sont les dates de parution en volume. Les poèmes, pour la plupart, avaient été écrits quelques années avant leur publication.

F.O.

Ce choix de poèmes de Fernand Ouellette est publié dans la collection « du Nénuphar » avec l'aimable autorisation des Éditions de l'Hexagone.

Données de catalogage avant publication (Canada)

Ouellette, Fernand, 1930- . Poèmes. Morceaux choisis.

Choix de poèmes, 1955-1997

(Collection du Nénuphar)

ISBN 2-7621-2288-0

I. Titre.
II. Collection.
PS8529.U4A17 2000 C841'.54 C00-941462-2
PS9529.U4A17 2000
PQ3919.2.093A17 2000

Dépôt légal : 3e trimestre 2000
Bibliothèque nationale du Québec

Les Éditions Fides remercient le ministère du Patrimoine canadien du soutien qui leur est accordé dans le cadre du Programme d'aide au développement de l'industrie de l'édition. Les Éditions Fides remercient également le Conseil des Arts du Canada et la Société de développement des entreprises culturelles du Québec (SODEC).

IMPRIMÉ AU CANADA

Présentation

Toute œuvre est un itinéraire. Le chemin engage, il appelle et rester sur place serait insulter le présent. Le poème, plus que tout, se déplace, il exige la suite et ne tolère pas la répétition. S'il lui arrive de refaire son parcours, le poète note les ressemblances, mais il voit aussi qu'elles sont d'abord des coïncidences. Veut-il en établir les balises et faire un choix, son trajet chaque fois se mue en une œuvre nouvelle. Le projet, toujours déjà déjoué, de saisir une direction ou d'établir un ordre, même quand l'œuvre est là, forte et massive, se voit soumis sans rémission au regard de celui qui entreprend de mesurer le parcours. Ce peut être une obsession, un désir de tracer le territoire, toujours ce regard connaît la liberté de sa lecture. Qu'il soit inscrit dans la différence qui ajoute le poème au poème ou qu'il en soit absent, le tracé n'est jamais donné et pourtant l'itinéraire est la seule voie du sens. Non pas ce que j'ai voulu dire, encore qu'il soit toujours possible d'introduire l'intention dans l'après-coup, mais simplement par où je suis passé. Le chemin accompli certes n'est jamais le chemin achevé, la volonté poétique travaille comme une lumière imparfaite à éclairer et à rendre transparent un monde opaque et mouvant qui pour elle est obstacle et motif à soulèvement. Mais ce chemin qui n'a été ni voulu, ni prédit, se montre dans chaque choix comme le faisceau droit de la lumière qui l'a éclairé.

Au moment de présenter ce choix de poèmes de Fernand Ouellette, il faut rappeler d'abord comment ce choix est soumis aux mêmes contraintes de lecture que l'œuvre entière d'un poète qui est aussi un essayiste et un écrivain. Car cette œuvre est vaste et elle se déploie comme une prose d'accompagnement, où l'éclat du poème à tout instant vient rebondir. Il faut ensuite travailler à dépasser l'anthologie pour retrouver l'œuvre, et cette lecture ne peut se faire que sur l'itinéraire long d'une écriture complètement déployée, entièrement dénouée. Ils sont nombreux ici les nœuds et les dénouements. Rien de cela n'est entièrement saisissable dans le choix effectué par le poète : la poussée de l'écriture vers sa propre floraison, ce qui de l'*andhas* védique à l'*anthos* grec marquerait un surgissement et une germination, cela se trouve dépassé par le fait que le choix est ici d'abord une mesure et presque une scansion. Quel domaine de ce qui devait s'éclairer a reçu quelque lumière ? Quelle part du désir, saisie dans l'instant de son lieu, a pu être conduite à une éternité qui le rend visible ? Quelle mesure du temps de l'œuvre sur le chemin parcouru a pu être accomplie ? Quelle hauteur et quel abîme ont atteint leur densité dans l'écriture ? Parce que ce livre n'est pas un recueil, son unité est instable et pourrait se recomposer d'un trait. Et pourtant l'œuvre entière s'y offre dans son absolue présence et toutes les questions se répercutent à chaque page. Son début et sa fin y montrent la netteté des limites et la ligne qui doit les unir, malgré qu'elle soit faite de coupes et de coupures, de brèches et de lacunes, toutes injustifiables au regard de l'œuvre, se présente comme le tracé d'une ouverture nouvelle.

La didascalie du poème

Comme l'œuvre entière de Fernand Ouellette, ce choix est accompagné à chaque moment du parcours qu'il instaure d'une autre écriture, qui est comme sa didascalie, ses instructions de lecture. Poète des années de la libération, poète libérateur, il a voulu que la liberté des poèmes soit interprétée d'emblée comme une invention et une initiative dans une société qui attendait ses poètes. Cette autre écriture se déploie donc depuis le début dans la marge de l'œuvre poétique et elle propose non seulement le cadre pour accueillir le poème, mais le lieu même de son surgissement. Peu de poètes ont investi à ce point une écriture d'accompagnement, peu ont voulu comme lui nommer et désigner les figures qui l'habitaient, les raisons et les motifs, les amitiés et les circonstances. Chaque poème est pour ainsi dire inséré dans un mouvement plus vaste, dans une ample respiration où se retrouvent conjoints plusieurs projets. Leur multiplicité est à l'image de la volonté poétique, dans son désir de saisissement, elle s'adresse à tout ce qui dans l'expérience de soi croise la culture et est compris par elle. Du *Journal dénoué* de 1974 aux *Figures intérieures* de 1997, une autobiographie complexe prend le risque, aussi indécent que nécessaire, de donner au poème une vérité toujours particulière, une situation qui détermine son interprétation. Cette entreprise a-t-elle le pouvoir de lier la lecture ? L'écriture poétique la déjoue à tout instant, parce qu'elle est ouverture et altérité immaîtrisable. Le poème est à lui-même sa propre injonction, il ne peut s'en dessaisir, fût-ce au profit du poète. Sa lecture est commandée de l'intérieur, du fond d'une loi pour laquelle il n'y a pas de donateur. Et pourtant, revenu du Thabor, lieu de toutes les énigmes et de toutes les révélations, le poète n'accepte pas facilement de renoncer à la prose, qui est pour lui l'écriture de son expérience dans la culture. Mais ce serait en trahir la profonde intention que de lier cette écriture seulement à un projet de culture, car tout lecteur de la prose de Fernand Ouellette sera sensible au rôle qu'y joue l'admiration et à la place de ces amitiés, autant dans le présent que dans l'éternité de l'art, qui la nourrissent.

Accepter d'en reporter les consignes sur les poèmes de Fernand Ouellette, c'est accepter que les tâches de libération de l'œuvre poétique conduisaient à d'autres exigences. Prendre la parole dans une société presque encore muette, faut-il le rappeler, c'était chercher le soutien de l'art et de la pensée, c'était demander l'aide de ceux qui entraient aussi dans cette œuvre de parole, au premier rang Gaston Miron. Le *Journal dénoué* retrace un double avènement: d'abord l'avènement du poème, dans un moment de grâce infinie et d'absolu consentement, un avènement somptueux qui se présente comme l'équivalent d'une incarnation. Placée dans l'immédiateté d'un rapport exemplaire à une source inconnue, la poésie devient aussitôt un destin, une vocation. S'il fallait en évoquer la figure d'origine, c'est l'œuvre de Pierre Jean Jouve qu'il faudrait mettre au foyer d'une écriture qui désormais ne s'accomplira pas hors de cette vénération. Il y a matière. « Nul poète n'a plus illuminé ce qui en moi était enclos. Nul ne m'a mieux pressé de naître. » Cet hommage est aussi un devoir, mais il ne sera pas rendu selon les canons d'une poétique conforme. Car partout où la langue de Jouve le fait s'abolir dans son poème, produisant la dureté du cristal jouvien, celle de Fernand Ouellette le conduit à une naissance et à une affirmation qui sont exubérance pure. Leur écriture conserve en partage cette « sueur de sang » qui est à la fois la sublimation de l'eros et le consentement à la finitude. Elle s'établit aussi dans un égal rapport à la substance absolue, qui permet une adresse au divin. Tout le travail autobiographique en est la preuve. Il ne poursuit pas tant la formulation d'une poétique que la certitude de ne faire qu'un avec le sujet de l'expérience poétique. L'existence prend dans sa vocation au poème une densité qu'elle cherche à vérifier autrement. Recherche « en miroir », cette écriture du sujet de l'écriture ne peut pas être oubliée à la lecture de ce choix de poèmes. Elle doit être convoquée à tout instant, non pour contrôler ou diriger la lecture, mais à l'instar de ces didascalies anciennes, pour suggérer la posture et favoriser l'accueil. Fernand Ouellette a voulu en effet nommer le temps de ses poèmes, il a voulu donner un nom à l'expérience de leur écriture, il a voulu indiquer le présent. Une telle profusion d'essais, de récapitulations intérieures, ne peut pas ne pas produire sa propre lumière.

À l'avènement du poème, il faut joindre aussitôt l'avènement de la signification dans la culture. Parce que son travail l'y conduisait, les circonstances en furent allégées et permirent de vastes convergences. Tant de rencontres et d'amitiés dans l'écriture ne pouvaient qu'approfondir un désir qui était d'abord un désir de modernité. Mais rien n'aurait été possible sans cette intensité dans le projet de comprendre et de ressaisir ce qui dans l'histoire de l'art et de la pensée, comme dans son présent, pouvait soutenir l'avancée poétique. Être contemporain, marcher avec son temps. Il faut ici surtout citer le travail sur Edgard Varèse, dont la haute figure vient compléter le *bifrons* illuminé par celle de Jouve. Elle intervient au moment même où il écrit *Séquences de l'aile* et le *Soleil sous la mort*. Ionisation du sens et du son, intervention unique des grands fracas de la modernité, dans une œuvre qui cherche plutôt à la regarder en face sans la reproduire, comme un regard vers la mort, elle en constitue le profond adossement. Varèse artiste, Varèse contemporain tire à lui le jeune Ouellette et le révèle à la force de sa propre création.

Ces points de départ ont leur force et leur lumière propres. Ils éclairent en profondeur le développement de l'écriture et apportent la preuve continue, à celui qui pourrait se perdre, que cette écriture veut s'accorder à un temps de liberté et de révolte, qu'elle n'est pas un vain romantisme et surtout qu'elle n'est pas solitaire. Le chemin est habité, les rencontres sont nombreuses, qu'on regarde les dédicaces, qu'on revoie les lectures et les regards sur les œuvres. *En forme de trajet*, *Commencements* ne sont que deux des recueils plus récents où ce chemin commun se donne comme partage de la poésie et de l'accès à ce qui transforme l'expérience de l'absence. On ne peut pas les lire sans y reporter l'exigence même du poème, ce faisceau insistant et volontaire. On ne peut pas les lire non plus sans les reporter sur le poème, pour l'inscrire, pour le dater, pour le voir comme forme d'existence, recherche toujours improbable de l'illumination heureuse et de la lumière de l'art.

Sur ce parcours, une lumière qui éclaire à rebours vient au moment présent capter certains poèmes et les relier au *Journal dénoué*. C'est l'essai sur la petite Thérèse, *Je serai l'amour*, paru en 1996. S'il faut tendre cet arc, un amour venant relayer tous les autres et leur montrer leur fin, c'est qu'il était déjà en place depuis le début. Il ne servirait à rien de le forcer et Jouve, tout autant que Gilles Tremblay, peuvent ici montrer les limites et la grandeur d'une œuvre qui est portée par la foi. Par une foi qui est appel et demande, puisque au moment où le poème voudrait s'y engager, il ne peut que devenir supplication de croire et épreuve d'absence. Parler ici de mystique présente des risques, il faut les prendre. Car c'est toute la culture chrétienne de l'attente qui, déjà dans les révélations charnelles de la première poésie de Fernand Ouellette, ouvre l'appel qui va permettre la suivante, celle qui conduit aux *Heures* et à la confrontation avec la mort. S'il fallait, dans l'élément de l'expérience de l'âme, absoudre le corps en le foudroyant — et c'est ce qu'accomplit l'œuvre des premières années —, il fallut ensuite la réconcilier avec une forme de transcendance indicible, qui est le thème souterrain de la condition poétique quand elle accepte l'ouverture et refuse le non-sens.

Le chemin de la didascalie suit donc plusieurs voies, car s'ajoute ici une consigne d'interprétation qui suit la parole biblique. Jusqu'à l'excès, le poète y épuise les noms de ceux à qui, chemin faisant, il rend l'hommage d'un regard partagé (nommons ici Robert Marteau), d'un même silence, d'une commune admiration. Planté à tous les détours de reconnaissances pour la saisie du visible, ce trajet a lentement conduit à la compagnie de l'invisible. Peut-être la fréquentation obstinée de Jouve ou de Hölderlin préparait-elle cette ultime exploration des écrits spirituels, elle ne se révèle au bout du compte que la réalisation d'un désir de présence inscrit depuis toujours dans la recherche et déjà dans le *Journal*. Texte fondateur de cet accompagnement, regard par-dessus l'épaule en même temps qu'engagement vers une extériorité, ce récit était une annonce. « Je m'engloutis dans ma propre faim. Comment vivre si je ne suis pas saisi par l'autre, par toi, si je ne suis pas relié à celui qui comble le désirant, à celui qui s'enclôt dans le vide infini ? » Impossible de relever toutes les figures où cet autre a été saisi comme autre, impossible d'en oublier aucune, jusqu'à cette figure ultime de la sainte qui donne tout. Dans chacune en effet s'est vu exaucé le vœu, simple et austère, de retrouver l'objet de l'expérience poétique. De Vermeer à Rilke, de l'amour domestique où s'exauce la perfection d'une lettre et d'un service aux fulgurances de l'orphisme, le poète a traversé et choisi les écritures qu'il a placées en résonance avec la sienne. Et que dire de Novalis, où la tension de la poésie et de la pensée dessine l'horizon neuf de la modernité ? On les appréciera toutes dans leur distance respective à celle de Jouve, c'est un exercice utile pour comprendre ce que peut signifier le mot « mystique » chez un poète qui se laisse habiter avec tant de sublimité par le vol des anges et le frisson de leurs ailes. Mais ce sont aussi les harmoniques de la mort, narrées dans un commentaire infini des blessures et du manque. Pour l'heure, il suffira de les disposer comme autant de vigies sur le chemin de l'anthologie, autant d'actes retrouvés sur le trajet du poème.

En forme de trajet

Le parcours doit ouvrir l'œuvre, chacun de ses morceaux est comme le cœur d'une brève constellation momentanément effacée. Par le moyen de chaque poème affirmé comme la forme simple d'une tentative toujours inachevée, fabriquer pour l'œuvre une épigraphe visible. Si le poète pouvait proposer d'accompagner cette tentative de tous les sentiers ouverts dans l'art, dans la musique et dans la pensée, il vient cependant un moment où cet accompagnement se destine au silence et se manifeste, pour celui qui serait tenté de tout lui demander, comme la confession d'un désarroi. La rumeur d'une vie dans sa recherche et dans sa compagnie d'écritures, mais aussi beaucoup de papier froissé au regard d'une page parfaite. Née d'un désir qu'aucune maîtrise, qu'aucune récapitulation didascalique ne peut enfermer, la poésie de Fernand Ouellette s'est imposée comme une poésie de liberté. Son *aura* particulière, sa destination, pour ceux de sa génération et pour ceux qui connurent la prison où cette écriture advint, furent d'abord le franchissement de dures limites. Quoi qu'il en soit du désir du poète de faire se rejoindre ce qui serait sa poétique ou même son esthétique fondamentale et l'horizon de sa poésie, cet effort devait demeurer une tension dans le vide. Rien, dans toute l'écriture seconde, dans tout le travail de surplomb et de recommencement autobiographique, n'atteint la hauteur et la force des éblouissements premiers. Même retombées dans la cendre, les ferveurs charnelles des premiers recueils brûlent encore au milieu de poèmes qui n'apparaissent froids que parce qu'ils sont placés au contact d'une telle incandescence.

Fernand Ouellette a écrit ne pas vouloir y reconnaître ce qui sera sa maturité. Il a certes raison, mais qui parle ici de parvenir quand il fallait d'abord accéder ? Qui parle d'achever quand il fallait inaugurer ? Attente et exaucement, approche et fusion ne sont que les premiers mouvements d'une œuvre qui s'agite « dans le sombre », projetant sur l'infini le désir et la puissance du poète. Encore cachée et en retrait dans le premier recueil (*Ces anges de sang*, 1955), la force de ce désir explose ensuite et brise tous les obstacles. L'inquiétude de celui qui ne sait pas encore de quelles ruptures le poème est capable n'appelait que des esquisses d'offrandes. Fallait-il, comme Rilke à Duino, invoquer l'ange pour enfin toucher le corps ? « J'affronte l'assaut des anges de sang: seul ! » On pourrait ici risquer le repli d'une bande, en plaçant le poème à Miron (*Le Christ galérien*) comme la figure de ce premier corps délesté de l'abîme divin et rendant possible l'incarnation du poète, une bande qui ira se repliant pour retrouver le corps du Christ dans le corps du père mourant dans les *Heures*. Car à partir de ce moment, et nonobstant tous les pouvoirs de l'intelligence, le poème devient souverain et sexuel. Ce n'est rien encore que de le voir s'ériger, tout est dans l'extase et la dépense. « Prodige de gloire ! Prodige d'un corps ! »

Sur ce moment qui est ouverture, le sourire de Jouve: « Mais tu as bien changé: tout le vrai a cédé / Sous la fatale invasion de la merveille. » Fatale invasion, le poète est submergé. Il n'a pas tant cédé que conquis un royaume où l'habitation des anges ne contredit pas le corps, mais l'illumine de l'intérieur. Poésie extatique, nourrie dans les clairières de la demande et du don, cette poésie du haut amour a pulvérisé toutes les résistances, elle ne peut prendre le risque de la sublimation que parce qu'elle a fait la rencontre, absolue et certaine, de la vérité de la chair. Une vérité qui s'accomplit dans un espace où ne se marquent ni la violence, ni la douceur: le royaume de la parole, la fécondité de la création se confondent avec le ruissellement des rivières, avec l'énergie simple de la nature. Glorieux, confiant, le poète peut oser nommer l'Amérique, mais s'il le fait, c'est dans la dérive d'un autre nom, d'une autre liberté plus vaste qui le porte à écrire dans un insoupçonnable halètement: « Tu t'éveillais avec des comètes dans la gorge. » Fernand Ouellette n'a jamais été un poète du pays autrement que sous la forme adventice d'un nom pour l'amour.

On voudrait commenter longuement *Pâques* et *Psaumes pour abri,* textes admirables où cet amour subit la blessure du temps. « Le cœur n'éclairait plus les désirants. » L'éclat fulgurant de la découverte n'est pas entamé, il subit un assaut et se défend. Nulle part plus que dans ces poèmes, Fernand Ouellette n'a engagé son écriture dans la position d'un sujet exalté, prêt à toutes les luttes pour ne pas renoncer à cette exultation première, archaïque, fondatrice. Plusieurs lectures de ces recueils ne parviennent pas à en entamer les certitudes, et malgré les pertes et les souffrances, on cherche en vain les failles par où s'introduiraient dans la conscience du monde la misère des affrontements et des dualismes, les poids et les épaisseurs. La matière continue de chanter, l'éclat se durcit et se protège, et au cœur même de ce qui assaille et fait craindre, une « paix fraîche comme une pousse » laisse persister l'amour. Est-il déjà ou toujours question de foi ? Dans cette chair qui palpite, dans ce ventre lisse qui va s'ouvrir, la Vierge et le Christ demeurent l'emblème du désir. C'est l'étonnant visage, radieux et exalté, que cette lumière projetée à rebours de l'œuvre fait saisir dans l'illumination des premières défaites.

Les poèmes recueillis dans le recueil *Dans le sombre* (1967) apportent à cette question la réponse d'une identité. De même que l'amour est couvert de l'ombre de sa propre exténuation, de même le poème porte en lui le risque de son effondrement. Ce recueil offre à chaque vers l'indice de la lutte à mort. Emporté dans sa chute, « aigle chu », *le* poète trouve seulement dans sa parole le moyen de poursuivre pour retrouver dans l'obscurité la plus dense sa propre forme, la forme même de lui désirant. S'agissant de l'âme, il faut donner toute sa dignité à l'effort de celui qui lutte dans le milieu même du corps : la pensée, l'évocation sublime de la connaissance, ne vient pas si facilement à bout de la résistance qu'il lui oppose. Revenu aveugle de tant de gouffres, le poète menace de sombrer dans l'élément du tumulte. Rien ne semble plus mal ajusté à ces poèmes que de les lire comme un combat de l'âme et du corps. Bien plutôt, suivant le *Combatimento* de Monteverdi, c'est le combat pour l'amour, un combat pour garder haute et sans sublimation éloignante la conviction de l'accès possible dans le corps, la certitude de l'ouverture pour l'adorateur. Pas de mauvais dualisme donc, et pas d'antagonisme là où gémit celui qui veut continuer d'aimer. Une force plutôt, un sujet en proie à lui-même et qui prend la décision de se maintenir désirant dans la souffrance. « Mon désir se blessait dans sa pensée d'épines. » À cette volonté ne suffisent plus les avancées où la nature première de la révélation du corps donne la certitude du chemin à suivre. C'est pourquoi il faut parler d'identité, le sujet se nomme : rapace, silex, ténébreux et tranchant. Le poème *Naufrage* peut servir d'icône à ce moment de l'anthologie où la violence montre son premier visage, parce que les turbulences de la pensée ont fait sortir le poète de ce premier Eden. Rien qui doive surprendre, en tout cas pas dans une poétique qui fait sa place à la chute et à la profanation. Se choisir sauvage, ce n'est pas exclure la possibilité de l'amour, c'est reconnaître que le mouvement du désir nous précède et nous abandonnera. La mélancolie et la tristesse qui envahissent alors sa poésie, il n'était pas nécessaire de recourir à la théologie pour les accueillir et c'est dans une phrase où se lit la liberté de l'attente, et plus seulement la liberté de la découverte, que ce recueil se clôt. Veille engageant toutes les veilles, la poésie s'exerce dans une extrême lucidité et là où l'accueil de Dieu serait pour d'autres la raison d'un calme ou d'un renoncement, il n'est ici qu'énigme et souffrance. L'entrée dans le pressoir, image entre toutes appuyée sur la Passion qui arrive dans sa violence, ne savait pas si bien prédire ce qui allait venir.

« La foudre noire soudain », vers de l'événement et de l'irruption, repris de Hölderlin. À tout voyage, il faut ses tempêtes et la succession des temps d'après, où s'inaugure l'usage de l'imparfait. À compter de ce moment, on pourrait s'exercer à faire une lecture de la chute et de la perte, n'était l'obstination du poète à se tendre dans un segment de son œuvre qui conduit à une forte réconciliation. C'est ici qu'il reconnaît à juste titre sa maturité, dans ce moment de la persistance, poésie où on ramasse à pleines mains les affirmations de la présence, de la vie, de la force, même si, expression lancinante, la pensée n'en finit plus de se mutiler. « La terre d'où... »

(1968-71) est justement cette tourbe où le poète accepte d'oublier sa propre jubilation pour reconnaître le privilège du poème, c'est-à-dire la tâche infinie de son acte d'écrire. Quelle profusion de noms alors pour cette tâche, tous plus héraclitéens les uns que les autres, tous repris de l'exigence de brûler, de veiller, jusqu'à ce *Tombeau de Jouve* où se disent, dans cet hommage au bienfait premier, l'affection et la fidélité. Fidélité aussi dans cette adresse à Ovidius Cotrus, poète et ami roumain, « Là je brûle où tu me soutiens ». Vigile encore dans la demande de poésie et l'appel à l'oracle, demande anxieuse, étrange appel dans un art sans nostalgie, pure tension et pur désir de coïncider. En marge de toute expression comme de toute beauté, la poésie de Fernand Ouellette devient une recherche et un appel. À aucun moment on ne cesse de l'entendre et parfois crier : « Parmi nous, qui a le chiffre du dédale ? » Imprégnée de la pensée la plus inquiète, elle parle en s'adressant, elle se dresse au plus haut pour exiger et s'élever encore et encore. Assaillir l'origine devient le langage de cette recherche qui a reconnu dans son désir un fond d'ailleurs, une demeure d'altérité. Surprenante lumière pour celui qui croyait tout franchissement accompli dans le franchissement du corps. « Toute lumière est travestie. » Ébahissante découverte qui conduira à un autre royaume.

Ce vers obsédant agit comme un précepte qui conduit au calme et à une certaine sagesse. *En la nuit, la mer...* (1981) porte un regard sur la blessure, il reçoit les présents de l'enfance, il demande le pardon des fautes. On y trouve aussi des poèmes d'amour qui témoignent d'une amorce nouvelle pour le poète enclos, mais le lecteur ne s'abuse pas longtemps, il est déjà sur la barque funèbre et le règne des souvenirs montre le désir à l'imparfait. Nocturne et frémissant, face au vide, le poète s'écrie : « Pas encore ! Que de sable infini d'ici à la mort… » S'il fallait mettre en œuvre une interprétation capable de rassembler ce cœur vibrant de la poésie de Fernand Ouellette, au moment où elle sait l'essentiel, on pourrait proposer de suivre le travail de cette taupe qui revient dans plusieurs poèmes et creuse la pensée souterraine qui fait désormais contrepoids à la révélation ascendante des débuts. « Nous veillons auprès des racines », une posture qui loin de condamner l'âme la maintient au contact de la mort et l'afflige pour la garder tendue. C'est aussi la portée claire du recueil *À découvert* (1979), ancré dans l'absence et dans l'honneur pour ceux qui souffrent.

Du grand poème *Les Heures* (1987), le poète présente ici le morceau substantiel de la mémoire et de l'hommage à la mort du père. Ce texte surprend par sa forme, qui par le recours aux vers brefs, le rapproche d'un récit à réciter et le poète y consentit. On peut en proposer plusieurs lectures, et à l'accompagnement du père on peut superposer une passion évangélique où la figure de Jésus vient s'évanouir dans le corps mourant de l'autre. On ne peut pas ne pas noter non plus comment, dans sa souffrance, le poète s'absente et s'exile hors de son poème. Non seulement pour aller se fondre dans la communauté d'un nous jusqu'ici inconnu, mais peut-être encore plus pour disparaître lui-même dans la mort en s'y identifiant. Comme Phédon suivant la mort de Socrate, le poète suit la progression de l'inexplicable, il rend la mort visible. Lui, l'habitué du sombre, il parle comme les disciples, « envoûtés, comme des étrangers à l'abandon ». Lui, le disciple d'Orphée, il contemple l'ouverture de la spirale où bruissent les ailes des anges. Aucune métaphysique cependant ne vient conclure cet abîme, aucune sinon la reprise de l'injonction originaire : ne pas reculer, naître, et naître encore.

Les poèmes qui suivent ce poème d'entière lucidité et de regard absolu recueillent ce qui vient de se disperser. Sur l'horizon qui le tient, le poète interroge encore sa naissance, il demande la nature des limites et de la pensée, mais le travail des *Heures* a produit son effet : le poète demeure en exil de son poème, et s'il peut marquer son domaine en y recomposant une présence, ce ne sera plus une jouissance, ce ne sera même plus une exigence. Du point de vue de la demande qui était la sienne et qui procédait d'un tel éblouissement, cette dernière œuvre dispose une scène où tout ce qui a été subi, comme tout ce qui a été consenti, se retrouve dans un état de défense et parfois d'abattement. Relisant *Sablier*, le poème qu'il m'a dédié, j'entends le bruit de la chute d'Icare, mais je vois aussi la misère de la pensée en butte à l'opacité des signes. N'était le retour de l'adresse, et ce Toi lancinant, on devrait se résigner à voir le monde sombrer. Comme chacun, le poète accepte de naviguer en aveugle, ce qu'il éclaire se paye au prix de nouveaux obscurcissements. Alternance de clartés et de scènes sombres, de tableaux d'enfants placés sous la figure de Fra Angelico et de tables d'écriture où s'affole l'angoisse d'écrire encore, cette poésie maintient son propos d'origine et ne cesse de l'énoncer dans l'attente d'une nouvelle lumière, d'un renversement de la voûte où l'ombre enfin cédera devant l'effraction de l'Unique. L'importance de ces derniers appels n'est pas tant qu'ils viennent à la fin, mais plutôt qu'ils résonnent avec le début : en eux, on entend encore, dans cette blancheur brûlante, les premiers effrois et les premières braises. Si un royaume doit s'ouvrir, qu'il ait au moins cette lumière-là.

Ouverture et fermeture ne sont jamais des bornes arbitraires, et s'il faut s'en tenir à cette résonance qu'on vient d'entendre, la poésie de Fernand Ouellette, dépliée dans ce choix qui s'étend sur près de cinquante années d'écriture, ne sera pas reçue sans qu'on doive recourir à ses propres contraintes de déploiement. Du début jusqu'à présent, elle résonne en effet de ces appels de l'esprit qui en furent la forme première, ces appels vers le corps et dans le corps, mais aussi ces appels vers un dehors, vers un Autre dont le nom placé dans l'attente irradie. Mais elle sera reçue d'abord dans son itinéraire, dans la mesure de sa constante intensité et selon sa propre lumière. Ici commencerait l'interprétation, ici devrait se déployer au sujet de son inquiétude un nouveau travail de lecture. Un travail qui dans la liberté et dans l'ouverture des débuts reprendrait, pas à pas, la gravité de la pensée de l'origine, du désir, de l'appel et de l'être contre la mort. Si un choix est une nouvelle œuvre, il l'est en s'appuyant encore sur l'œuvre entière qu'il permet de déplier et son but sera atteint s'il conduit à ce travail où un chemin frayé devient pour un autre un chemin à parcourir.

GEORGES LEROUX

CES ANGES DE SANG
(1955)

ET PLEURE LA LUMIÈRE

Dans l'homme je sais un vent mûr,
un vent tout brûlant de fumantes musiques.
Et pleure
            depuis
                        la lumière,
et pleure le silence
au creux du matin
endormi dans l'enfant.

RESSAC DE SONGES

Rien qu'une chimère qui chavire,
une barque d'opium en butte au miroir,
et l'aube fume au sein des flots
au sein des plaintes,
la cendre boit la mer
la cendre pétrifie l'épave ;
et sur l'âme plus nue qu'une lande
s'avance une chevauchée de vents gelés.

Spectre surgit d'un ressac de songes.

ÉCHEC DE GESTE

Échec de geste !
mon geste vif
dans l'esquisse de l'offrande supprimé.
Échec de corps !
mon corps muet dans sa bure de vase emmuré.
Quel ange me rendra
le haut sentier d'un geste plein
l'ardent pays d'un corps en marche ?

COMME UNE TOUR DE SOIF

Ces débris de vents
en dérive sous mon visage,
ce feu, ce ressac des aubes ardentes
brûlant, moulant mes mains grises :
et seul !
ô solitude !
comme une tour de faim
comme une tour de soif sur les signes,
j'affronte l'assaut des anges de sang :
seul !
à l'affût des lunes,
à l'affût des yeux bafoués
qui mendieront leur espace.

LE CHRIST GALÉRIEN

À Gaston Miron.

Par la besogne oppressante
implacable de la bête,
s'estompe de Christ l'infinie figure.
Par la conquête au mont nu de sa haute mort
des rochers l'effroi déchire l'immuable.

Ô débâcle de mes yeux !
ô panique du soleil !
Où me retrouver ?
où rejoindre mon visage, mes pensées
brûlantes d'éclats de l'éternité ?
Et ces abîmes terrifiés qui me renient !
Et ce temps qui se précipite dans les plaies du Pauvre !
Où me réfugier ?

Ô visage de Christ !
visage de l'homme,
ô corps de Christ !
corps de toute chair :
au noir de tes membres j'entends
le fracas blanc de ta gloire,
et me frôlent de grands vols d'ange
dans la fosse de ta mort.

SÉQUENCES DE L'AILE
(1958)

ORAGE DE PROFIL

Seul j'étais de tout mon poids d'ombre à épauler
  la rumeur de l'air, de l'eau mouvante.
Mille chiens d'eau se disputaient le puissant
  rythme du fleuve.
Tendue ma poitrine dépassa la flèche vive de l'œil,
  souverain l'éclair de neige m'habita.
Et lorsque de l'arbre surgit ma parole de conquête,
  la fonte fraîche du soleil grandissait le blé.
À l'avènement du fleuve, les flammes de silence
  pénétraient la mer.

DOIGTS FUSÉES

Et sur son ventre dormant mes doigts fusées douloureux,
  de doux sourires de clown aux coulisses du vertige.
Prodige d'un signe ! et sa peau ondule et danse
  mon œil plume.
Mais les mains meurent marines et coulent
  au grand fleuve noir électrisé de mouettes.
Prodige de gloire ! feux d'artifice dans ses cheveux,
  mes mains éclatent.
Mais les lèvres lentes comme des ailes malades
  au ciel végétal prolongent la plongée.
Prodige d'un corps ! pour la fête des membres
  les seins s'enflent d'espace.
Dense d'attente, ceinturé de soleils,
  son ventre s'éveille au récit du monde.

PASSEPORT DES ÉTOILES

Femme au sang obscur qu'un germe habite
  comme une élégie de laine :
  ta pure extase est passeport des étoiles.
Quand dans ton corps les forêts courent
  et les îlots de muguet,
aucune piqûre de mort, ni l'audace ténébreuse de l'homme
  ne sonderont la clairière de ton ange.
Vive est ta matrice de longs rêves arctiques.
  Et fraîche de galaxies-fougères.
Au clair humide de rosée blanche s'alimente
  le mal de vivre.

OXYGÈNE

À Sylvie, pour demain.

Parviens au lieu où la comète s'allonge en fil
de lumière.
Parviens au son qui condense nos aubes, au corps
qui croît de l'œil à l'abîme.
Ah ! les pierres habiteront l'instant du vol,
et l'espace en vain cherchera ton visage !
Que nul n'ose te feindre le prodige de l'os
qui chante !
Immobile, fais le bond d'une plume que le soleil aspire !

RADIOGRAPHIES
(1958)

QUATUOR CLIMATISÉ

À l'esprit d'*IONISATION*,
Edgard Varèse.

I

Ici s'ébranle le panorama de klaxons. Ah! réveillez
les courbes de mousse au large des buildings.
Il y a croissance de corps nickels à travers le temps,
et l'ampleur du carillon criblée de poteaux.
Pénétrante hypnose des villes! Lentes bêtes ruisselantes
de jets-sirènes, marchons machines osseuses.
Auprès des bouches d'égout délirent les fronts de menthe.
Incessants vaccins de braise à la racine du sexe. L'alarme du mâle
brûle, souille la peau d'ambre des filles. Et gelés
les lits éclatent dans les miroirs.
Dans la région du rachat, profonde cité en filigrane,
les pleins désirs émergent d'un plasma de pétrole.
Mêmes giclées-soleils dont se grisent les squares. Même vin
de suie à éteindre le blanc des vergers. Et le chaud
clavier de mollets que les tristes martèlent en sourdine…
Café moka! La Presse! Rue Sainte-Catherine! L'odeur des banques
enclôt les brises de l'enfance. Au long des devantures,
les passants surchauffent un ciel éteint.

II

Ils s'enfoncent dans les brumes, dans le bruit qui grise.
   Nul souvenir de neige ne vient filtrer leur saison
   de néons.
Ils s'enfoncent avec le jour au rythme des timbales.
   Piqûres de blues aux nerfs du rêve. Décharges
   de signes dans les dormantes cervelles.
Mal aimée l'antique féerie bascule dans l'abîme
   d'un trombone. Languissants ce rythme des chevelures,
   ces lèvres droguées des ondes longues du sang.
Le choc des os calfeutre le frais champagne.
   Bulles de lune. Bulles de chair. Ventilateurs
   aspirent la vie métallique.

III

Lointain pays de pollen… Sexes réduits à l'agonie.
  Ah ! combien pitoyables les cœurs de braise !
  Vienne la saison des jonquilles !
Vide bien lunaire… Quelquefois des dents se choquent…
  Des fourmis s'en prennent aux yeux déserts.
Dernier remous d'une aile d'amour… Appel très rouge
  venant d'une source déjà muette. Que de dieux durs
  se dressent !… Dolente lune…
Quelques doigts persistent à tracer des pistes. Mais
  ne s'éveillent les gisants de la sécheresse. Et s'éclipsent
  de beaux soleils, au terme d'un vieux conte des origines.

IV

Les pas pierreux du pouls creusent nos tempes. Le cœur
propage aux veines des télégrammes de glace.
Sons de sève. Ciel d'horloge. Oxygène.
Tempo de bielles. Vibrations de rails.
Et l'échine se courbe. L'envol bat des ailes
dans les cercles qui se murent.
Un paysage se condense, se condense. Nos mains
téléguident les aubes ! Le temps s'élargit,
la tête se redresse. Nos yeux propulsent des aigles !

LE SOLEIL SOUS LA MORT
(1965)

ET NOUS AIMIONS

À mes amis de LIBERTÉ.

On déposait la lune dans un passé de décence.
La nuit se devait d'être pure
et l'empreinte de mon peuple
en errance
par la mort.

Devant la superbe à paroles rouges,
nous chantions le dur cantique du sel,
sel à ronger le désir de voir, à nourrir
la honte du noir sillage de l'amour,
la démence du charnel !

* * *

Ô mon peuple saignant sous la déchirure,
saignant la sève comme un acide !
La neige avait mal en nous.
Les îles poussaient sous nos pas.

Dans notre œil à semence,
tombaient des germes
                    pareils à des grains de nuit.

Ô l'huile de l'automne, terreuse et forte,
que nul homme ne veut boire !

* * *

L'abîme dans la poitrine,
l'oreille tendue vers l'enfance,
il te revenait des tourmentes de torrent,
des clameurs d'orignal
du profond
d'un précipice à lumière;
il te revenait des girations de soleils
sous la membrane du ruisseau,
des cris de fruit mûrissant
avec le jour.
Et le printemps de résine.

* * *

Ainsi nous parlions avec une voix en naissance
qui hurle.
Ainsi agit le délire des feux dans la chair.

Tu effeuillais des paysages à remords,
notre univers se décomposait.
Tu t'éveillais avec des comètes dans la gorge.

Et nous avancions dans le blanc,
et nous vivions de vie,
et nous aimions.

GÉANTS TRISTES

Ici, nous marchions de paysage en paysage avec des couleurs
et des odeurs d'agonie calme.

De nuit en nuit, malgré le souvenir du sommeil, on s'enfonçait
à l'affût de balises fulgurantes.

C'était notre chair écorchée à coups de rivières
et de lames d'épinettes, notre esprit rougeoyant
dévoré par le grand fleuve.

On avait des corps tendus par les pôles et des artères
à brûler la vie sur place.

Nos membres forts dans l'immensité de la femme plongeaient
comme des fous de Bassan.

Par le jour se levaient des géants tristes, un violon
en carton-pâte sous le rêve.

Aujourd'hui nous sortons nus d'un bain de mémoire
pour habiter blancs la matrice végétale et vaste.

AMÉRIQUE

revient lentement du fond de l'œil.

HORS DU SOLEIL

Et les arbres penchaient
du côté des brûlures,
les muettes, les ténébreuses,
quand la terre à goût de sève
suffoquait sous nos ombres.

À s'éveiller dans la minceur de l'arc-en-ciel,
le matin se retirait des branches,
se figeait le feuillage,
puis fixait le désastre.

Or la parole très neuve, qui fut amère,
délie l'humain, vivifie le végétal.

Les vivants se mettent en marche
arrachant les os des paysages.

Et le Nord apaise sa violence vive.

La chaleur glisse lente
  comme une femme glisse
  hors du soleil.

LE FLEUVE VERTICAL

Tant de signes
tant d'espoirs percutant contre le ciel...

Longtemps
la verticale a germé dans l'argile.

Puis le fleuve se tint debout
comme un long mâle se refuse
au silence des gisants.

Le fleuve devint l'arbre,
le verger qui monte
allégé
par la liesse des fleurs.

Avec le varech
la pesanteur des rêves de granit
et les mille aiguilles des poissons morts
comme des piverts
sur la chair de la mémoire,
vint la chute des ombres
le temps du sang le long des rives.

Songe de calcaire,
s'effritait le visage d'un pays pur
et fuyaient les yeux
comme des oiseaux
sous les plombs.

Ô la hantise d'une vie boréale
avant que l'histoire soit le dit des statues !

L'espace !
le fleuve l'animera pour un monde.

Les fœtus n'éclateront plus de soif.
Viendra la mort sous la morsure du soleil.

VERS NOUS

À Andrée.

Depuis la blessure immémoriale…

N'étions-nous que l'immonde,
le nourricier de terreau,
le veilleur de vie ancienne ?

On a souvenance d'une geste…

Si profondément pourrissait le soleil,
la parole écorchée,
la bête sur l'horizon.

En nous,
les insensibles au jour,
l'esprit dressait ses pensées longues
tel un arbre qui fut feuillu.

Nos rêves ne glissaient point hors du marbre,
si fort accablés sous l'envol.

L'œil souffrait avec la pierre sans lune.

On ira brûlé de brillance bleue…

Nos femmes les plus tendres
entreront en état de neige
les fabuleuses ranimant le fleuve
oh ! lentement contre leurs lèvres.

Vers nous venons
avec des étoiles aux mains comme des grenades.
Terrassons notre mémoire !

Et se lèvent des images grandes ouvertes,
jusqu'à l'herbe et l'amour !

GÉOLOGIE

À Jean.

Ô le tremblement du corps,
quand la vie trop vive et blonde
buta contre mort,
                        la mate,
l'espace de glaise !

Peu à peu
              les poreuses
les paumes noircies à brunir le silence,
se sont remplies de blanc,
de jour à jet de blé.

L'air connut alors
                        ce cri à naître
qui soudain fulgure
                          et fend la pierre
comme un ange.

Le sang

           doucement
                        aima la chair.

Et les membres montèrent en plein matin,
à perte de feuilles et d'oiselles.

Le soleil se hissait à l'homme.

50 MÉGATONNES

I

Sur le globe au bout d'un fil

PÂQUES

en vain approche la froidure.

Ô la cantate du blé
où se lève un jour
de mots noirs !

Avec des gestes d'ours
tourne l'ange
autour de l'aube.

Face au miroir
l'esprit
flambe.

Cours ô funambule sur ta corde en givre !

Le soleil se tait.
L'atome se suicide.
L'éternité
se détache
de l'homme.

III

Entre les corps, entre les âmes,
le mal est dur, fermé à l'air.

Tintent les tempes chez l'homme.

Et le froid vient
                    qui bleuit l'espace.

S'embrase l'infini !

Le Christ en fusion
                         s'adosse à l'amour.
Tout lumière il abrase la mort.

PSAUMES POUR ABRI

I

Les dieux dormaient les reins sur l'ombre,
la parole
pesante sur le sol.

Vint la femme aux cils funèbres…

Et l'écho de l'étoile filante a blessé
les solitaires,
a brûlé leur gorge
le grand arc de l'éclair.

Et depuis le doute atteint la vigne.
Le lilas est aveugle,
le soleil illisible.

Le peuple des ossements
s'agite aux abîmes.

Et la terre se fatigue,
la terre se fatigue.

III

Un soir de forte désolation
les corps ont pris pierre
et se sont élancés dans leur vide.

Le cœur n'éclairait plus les désirants.

Et l'âme de l'homme,
la morte, comme un nuage d'insectes
a dévasté le futur.

Dans l'opacité de sa tête,
qui pourra souffrir un nid
de lumière ?

Tout soleil même
se décompose.

TOMBEAU DE KAJI

À Masaki Kobayashi.

En lisière du rêve,
le brûlant, l'homme à l'aube infuse
déclina
            dans la neige crue.

En lisière du noir,
où saignait sa mémoire,
son corps
              comme une claie de gerçures.

Confus,
            dans la glace et l'argile,
le sommeillant se mit à feuiller.

L'oiseau du vert
sur sa mort s'était posé.

MÉMOIRE

Le soleil s'entrouvre,
large fosse d'esprit-feu,
où je marche avec mon mal,
vers nos morts sans corps.

Varsovie
Buchenwald
Oradour
Hiroshima

Quand l'innommable laissa le jour,
effondré comme un dieu en pourriture,
intensément il creusa le ciel.

Et dans la trace encor chaude,
funèbre du solaire,
se blottit l'amour pour survivre.

Morts de Varsovie
Buchenwald
Oradour
Hiroshima

sortez du soleil !

Revenez pour le ruisseau,
les rose et rossignol !

GUERRE OU PAIX

Cri de bête, feu et fer
la guerre frappe.

Et le cœur, coupé du corps,
tombe comme un crachat.

La terre secoue l'os,
le noir silence sous l'herbe.

Qu'il a mort le soleil
quand l'homme se fait nuit !

* * *

Debout ! race de l'amour,
la paix est vivante !

Par nous le blé chante
la neige parle,

et le temps moissonne
et l'enfant le féconde.

Qu'il a vie le soleil
quand l'homme se fait jour !

ÉVEIL

À Nicole.

De la pierre à la plénitude,
un soleil inachevé
innove son mouvement

Lisse de silence
le corps s'ouvre à l'herbe croissante,
le matin peut crouler sur ses épaules.

Ah ! la chaleur
                    tout près du mal
quand les murs irradient !

En pleine chair
                    le sommeil se met à battre.

FEMME

Ferme tes yeux
femme
en l'éclair de pollen.
Par l'espace déportée
une étoile quitte
la profondeur triste
et sourd en ton rêve.

S'illumine l'épais de notre chair
comme un pays d'oiseaux
le long de l'aube.
Ô la forêt de sons sur ton silence ! Ô
le talon rouge le genou de lune la cuisse
qu'épurent les flammes de muguet !

Amour fait chant avec l'infini,
amour aux larmes de lilas et de braise.

Notre corps lourd de fruits
et d'éclats d'éternité
glisse dans l'horizon en famine.

ELLE

De l'épaisseur elle émerge
et me tend ses yeux de pousse,
la proie pure, la promise
au dur déclin.

Comme la nova qui vient,
l'énergie de sa chair
se prépare à l'éclat blanc.

Contre l'obscur va mon corps,
ardent, triste et dépouillé,
et penche vers son espace à feu.

Elle !
        l'ensoleillement de mon être !
telle une musique qui exulte
du profond de toutes ses cellules.

Et tous deux plus vastes,
mais plus pesants d'une autre mort,
nous retournons à l'épaisseur.

NAISSANCE DE LA PAIX

À mes parents.

Le blanc des ailes
oppresse la nuit.

Le long du temps
où l'Esprit se concentre.

Au corps pur de la Vierge
le sang repose.

La Paix fraîche comme une pousse,
lente comme une lame
soulève le ventre lisse.

* * *

Peu à peu la sommeillante
se fait geignante
et se resserre dans la fraîcheur.

Trop tiède est l'haleine
pour l'Amour qui va ouvrir
la ténèbre.

La terre ne sait qu'une chair,
la fragile, la douloureuse,
la terre contracte le Verbe
comme un fils de femme.

Au roc les cris se brisent,
les cris longs et lilas
quand l'Infini pousse les fibres.
Ah ! si pierre
pouvait prendre flamme !

* * *

Les bêtes sont graves...
L'angoisse s'abat sur l'homme.

Déjà la paille est pourpre,
la Vie va venir près du givre.

Comme une oiselle vive
que la Vierge respire !

La foi
          dans ses prunelles monte forte et flambe.
Une aube de cire transfigure son visage.

* * *

Le temps s'en retourne...
Sur Marie s'appuie le silence,
le grand silence
avant le gémissement de l'Être.
Si proche,
si lointain paraît le monde
tandis que le Christ s'enracine.

LA PAIX OUVRE SES PAUPIÈRES
ET LONGTEMPS FIXE LA MORT.

DANS LE SOMBRE
(1967)

DIVISION

Et j'allais le front divisé jusqu'à l'âme
l'oreille en effroi sous les décombres
la lèvre lente piégeant le sexe,
aigle chu, aigle cri.

Plongeais lointainement dans l'éclair
où les larmes sont des étoiles des odeurs,
étreignais le grand nu de la chaude
forme ô le regard de cette forme
me voyant mâle et feu
ô forme mienne !

L'ÂME

Quand elle ouvrit son corps dans le sombre,
d'herbe et de mort elle foudroyait !

Les yeux j'avais comme des fuyants de volière
pointant vers le feuillu de la terre.

Or mon âme s'éteignit
quand dans un seul désir elle s'élança
sur les tissus intimes à demi durs.

Encagé dans la nue
renversé sous le temps
très épars parmi les linges
je me rassemblai contre l'hiver.

LA FESSE LUNAIRE

Et la langoureuse j'ai retrouvée
dans une flore sur le sable.

Mais le voyage ineffable du visage
vers l'amande!

Chevilles dans le clair
mains démentes en leurs trajectoires,
l'œil n'arracherait-il sa paupière?

Tout corps le cri amadoue les anges
à l'instant
où les cœurs racinent sous la lyre.

Ainsi se forme et sonne feu la fesse lunaire.

En elle tout bat comme une pensée sourde
attirante et dévorante
tout souffre dans la nuit qui la manifeste.

CROCS

Crocs sombres
ouverts comme les bois d'un cerf
j'approchai ses lentes cuisses.
Mais son sang sommeillant,
pour traverser la longue neige,
s'était fait ruisseau dur d'ivoire.

Car il neigeait
si près du cœur.

PARCE QUE FEMELLE

De défaillance en défaillance en toi m'effrite
plus acéré que ta nudité,
dissipant ma musique et sa magie, toujours
plus tenaillé par l'inapaisable.
Et cette soif de l'entaille que tu n'as pu guérir,
de la courbe que tu n'as pas conçue.

Provocante mais si saine parce que bien femelle,
je t'irrite en devenant ton idolâtre, ton mage
devenu ta chose.

Et ces torsions qui tiennent à l'outre-terre,
à quelque gouffre d'où je reviens aveugle.
Mais tu fuis mes sondes à feu, mes débâcles
de fleuve.
Tu repousses parfois mes lubies bien au noir,
comme des bijoux brisés que tu laisses...

Et pourtant tu es mon projet en haut de la flamme,
ma charnelle où germe l'aube,
et pourtant tu es la pierre
où ne s'use mon mal de sens.

LA MORT

Toi tirée d'argile dans un gémissement
beau de courbes.
Je te prends en tremblant éperdu
comme si j'entrais au grand tombeau de ciel.

Tu es si nue sous tes pleurs, sous tes colliers
si bien ouvragée,
alors que je ne suis que Nord et meute.

Ô le tumulte d'une mort sur ton ventre,
le souffle des hanches se recréant dans la mémoire!

Ainsi cette prophétie d'un phénix au cœur
par ta touffe en chants flambe
longs et pourpres.

TOTEM ANTÉHUMAIN

Mon totem,
ma femme héraldique bien enfouie.

Attentif je l'ai retirée de ma tourbe,
suspendue sur un cintre beau vermillon.
Il suffit parfois de la dépendre sous
le coup d'un élancement plus vif.

Certes la belle étoffe s'est fort refroidie,
comme une morte
naissant de l'onde voisine de la morte Aphrodite.

Mais quelle image, quelle grande dame
se laisse encor partager,
quelle fragile s'accoutume aux séismes
du froid profanateur
du fol adorateur ?

RÉVEIL

De chair je sortis souffrant
comme un nageur quitte la mer mauve.
Je pris la forêt en feuilles
pour ratisser le froid
dans ma brûlance.
Et lorsque je touchai au bleu
qui sur l'arbre s'écorchait :
il me cracha sur l'âme.

L'ANGOISSE

Funèbres mes mains tendres, ô fléau !
rêvent sur le mont las
de la dormante.

Mais j'ai le mal du bleu qui infiniment
aimante un festin d'air et de sang.

Ainsi l'angoisse tel un vent noir
invente son chemin dans l'esprit.

Et l'être répond, ô panique !
en s'engouffrant par la femme
jusqu'à la démence.

L'ATTENTE

Mon désir se blessait dans sa pensée d'épines
et de pétales.
Et je n'avais plus de bleu. J'étais
une figure d'où sortait l'âme
vive et dolente vers le duvet de l'amante.

Et du centre palpitant de la chaste
j'attendais que revienne le soleil.

L'HOMME

Ô femme, ô mûre et provocante ô fruit d'homme,
comme tu as le bouquet lunaire
et la lyre éclatante dans les yeux !

En vain la vie n'a pu tarir ton ventre
où le long plaisir vient bleu de neige.

Toujours tu vas naissant de tes cuisses
contre la nuit solide, la ville
qui fige ta cheville.

Je voudrais être léger et pur à l'épaule
pour te tirer du temps
où tu luttes avec tes reins et ta langue.

Que tu es épuisée depuis la race
jusqu'à ton sourire décemment pervers !

Fuis-moi ! Aime-moi !
lorsque mon sang accomplit ton désastre
comme une bouche dans la vigne
virginale.

Je suis ce rayon d'homme, ce faisceau rapace,
ce silex fouissant son tombeau.

MALADIE

Si triste amoureux... M'adosse au soleil
dérivant vers tes anses, vers ton île,
et tant te fixe sous l'ombre
pour me mieux nourrir aux endroits noirs.
Ta nudité croissant le long des jambes
me rend ténébreux et tranchant.

Je te retire des nimbes
des enluminures
et du crépuscule sur les courbes.

Je te fais fille et sombre.
Je te consacre en t'offrant au gouffre.

NAUFRAGE

Immobile mais balisée par des odeurs,
cherchant la proie jusqu'à l'ange :
elle s'étendit sur le drap froid
parfaitement fleuve parsemé de joncs fauves.

Dans un éclair ma vie s'y déposa,
vif corbeau dans la moisson dolente.

Ainsi se laissa-t-elle assaillir et dévaster
sous les cris des mains
et polir par la langue dans les ombrages.

Quand sur le flanc elle revint,
comme une amphore de la flamme,
sa peau était ici et là moirée et mauve
de pensées en naufrage.

VÉNUS

Dévêtue sous ta cape tu fulgurais,
émergeant de l'immensité humide.
Tes poils frissonnaient avec l'air,
déjà murmures à mon oreille,
toi pulpeuse au giron et si vivace.

Me possédas en t'enroulant comme une liane.

Et toujours plus douce et lascive
tu devins ma lampe dans les antres,
la fontaine finement fauve de mon œil
le silo de ma faim ô vénéneuse
la clandestine soudant l'être à ses plis bistres,
bienveillante, infatigable et faste.

COMMUNICATION

Femme elle se mêlait nue aux fougères,
sa peau accueillant bien les papillons.
Sous elle j'étais son humus, son nourricier obscur,
le musicien de ses nervures.
D'or, de vert et de transparence je la sevrais.
Ma vie en elle montait jusqu'à l'âme.

L'ADORANT

Adorant je suis devenu prince
et profanateur,
alors que s'ouvrit ma poitrine
sous ta chevelure.
Telle folie de venin et de délire!
lorsque bien broyé de mal et de lumière
je m'abandonne à la besogne qui me démembre.

Vision de muguet avant que ne se lève le ventre,
au temps où je n'étais qu'un possible, un voyant
pur dans sa tombe claire.

Je me choisis sauvage, obscur et jouisseur.
Contre la pourriture je veux lutter,
approchant ton centre comme un site à semence.

Et nous glace la foudre
quand nous mourrons en deçà du monde.

MA FIANCÉE

Ta douceur est atroce dessous la soie,
tellement chaude en couvrant le sang
et si bellement végétale et discrète.

Que tu deviens insaisissable et funèbre,
comme une pensée de dieu
une musique luisante
qui calme et amplifie le mal dans les veines !

Je te reconnais bien comme la vierge,
ma tourterelle,
mon oraison tendre et triste
solitaire sur la montagne.

CORTÈGES

Terre de terre sur l'épaule...

Mais la nuque repose en l'époux
de l'amante bien bordée de feux.

Et les visitent, les effleurant d'un souffle,
ces doux cortèges d'ailes :
innombrables et vifs éclats de sons.

Mais les mains constellent des chaleurs,
deux dauphins se joignent
comme deux musiques se retrouvent.

Le torrent franchit les hanches.

PASSION

À chacun son vin, cher Khayyam, et son enfer.

Chemin d'éclats et de force :
midi de dame,
depuis les seins vivaces
vers la fesse désirable en la paume,
et si pudique sous la dent ;
mes dunes doubles
d'or et de deuil,
aux reflets mauves
aux lignes de sable,
si beau miroir l'une de l'autre,
creuset de rose et d'encens lourd,
où se lèvent le mal et le jour muet.

Que flambe la flamme folle !
Vole à fleur de la nue entière
tout oiseau, tout désir !

Et s'il me plaît de semer mon cœur
dans la touffe profonde, ô lieu de nonchaloir !
pour le seul poème de l'ivresse ?

ALIGNEMENTS

Contre le funéraire
                              je brûle !
Le long des alignements de membres,
de fleurs se donnant au noir.
Qui soutient le silence stérile ?

Beau dolmen de tourterelles,
(ah ! croît le filet du minéral !)
assonances des odeurs
                                    terrassantes,
aimants de puissantes chaleurs :
tout se ferme au grand culte !

L'âge d'or de ton corps
qui s'en souviendra ?
si tu déclines par le fané, la dispersion,
loin des anciens éclats du gui.

NOVEMBRE

Quand les verts nuages des féviers
plus ne respirent comme de plumeuses voilures,
novembre est mauvaisement mauve
dans ta chevelure.

Quelques mains déclinantes
tandis que nos pieds se lient
aux racines très froides.
Même ta peau brune bien polie pleure,
où se tait sur elle mon visage plombé.

L'un dans l'autre dressés
en crémation de silence,
frêle cible vibrante depuis le gris,
nous veillons sur notre âme
sans gloire et sans feuillage.

Lointainement des soleils fusent
et s'engloutissent.

RÉSURRECTION

Tant de cendre auprès du jasmin.

Je baise tes hanches
tes épaules comme un reflet d'aube.
Mais soudain je rougeoie tragique et démon,
et tu palpites sous la morsure.

Qu'il est pénible d'accomplir
la déchirure lucidement
de ce qui fut faon, et l'esprit de pousse,
d'assécher la musique
et la mouette au sein du mortel.

Rien ne te protège de mon œil maléfique
et bestial, de ma salive,
de mes instincts comme une grêle sur tes seins
de grande liliale.

J'avance sur toi comme l'automne parmi le feuillu.
Je m'attaque à la naissance de la verdure.
Je te divise pour ensemencer la mort.

T'entraîner bien légère dans la neige,
te remodeler dans les couches d'étincelles sous
la luxure...

Peut-être un jour sortirons-nous de la froideur
pour accueillir Nature et Dieu même ?

LA SOLITUDE

Perchè pur ardi
si nell'aspetto delle vive luci

DANTE

Ta blessure même accueillante
est l'ouverture qui démesure infiniment
ma blessure.

Délaissé par mon fleuve
je me vide en toi, profondeur d'émeraude,
te nourrissant de mes courants blancs,
de mes paroles en envol.

Ainsi mon être est une épave
qui ne peut vibrer contre la chaleur femme,
une soif atrocement éveillée.

Et je dérive sous le plomb
parmi les gestes et les candélabres.
Comme une pelure recouvre une pelure,
grisonnent mes cadavres sur mes épaules.

Je ne trouve pas de mort assez lumineuse
pour de bas en haut me délier la mémoire.

Il y a pourtant du Thabor quelque lumière
venant d'hier et de demain,
comme une révélation indéchiffrable
de chêne de grive et de neige.

On m'assiège le cœur
depuis mon origine parmi nous.

LE SOLEIL

Quand je t'ai dénudée en déchirant
ton masque, en arrachant tes linges,
le jour m'a fait nuit.

Ce n'était pas ton sexe le rebelle
le solitaire frangé de dieux,
la saison qui me brisait avant de se refermer
dans le mystère.

J'appuyai mon front sur ton sein de grand calme.
Une lumière de lys nous gela le sang.
Et doucement, ô vertige!
nous entrâmes dans le pressoir du soleil.

LE COUPLE

Avant de te visiter ô mienne et unique!
je suis l'aveugle de Bruegel touchant l'aveugle.
Je n'arrive plus à débusquer les sons clairs
qui allongent l'espace par-devant mon ombre.

Un, nous accédons à la fusion de l'œil,
à l'originel,
qui nous permet de voir toutes pensées,
toute plénitude,
de refaire toutes formes depuis l'immémorial,
d'ajouter notre monde comme la tige fait sa fleur.

Quand je reviens vertical,
je m'éteins contre le vide,
je rentre dans le cercle où l'on m'abolit.

Ni Dieu ni la mer ni ma vie
ne m'arrachent du néant où je m'effrite,
quand je suis coupé de ton être,
quand je ne suis plus un.

ÉVÉNEMENTS
(1968-1971)

suivi de

LE PÉRIPLE
(1968)

LE VOYAGE

À Lisette.

Le regard là-bas ébloui
en la bleue poussière
des Alpes qui procèdent
tel un grand esprit s'éloigne,
ou plus paisible dans mes pas
sur le vert sous le platane,
par le Neckar mes yeux radoucis,
le cœur tremblant sous l'or de la tour
où s'effrita la parole de Hölderlin :
la foudre noire soudain
me dissout l'être !
Et je te quête ma si lointaine,
tout tendu vers la mémoire
en moi où tu apparais,
comme si l'éternité déjà
finement dirigeait son fleuve
à jamais entre nous.

(13 juillet 1971)

LE PÉRIPLE

En le gris dégradant le soleil se refuse...

Descendre aux hommes, les anciens
les orants murés sous la mousse...
Pressentir le projet d'une marche
haute malgré le tumulte de la puanteur...

(La lumière ne porte Phaéton.)

Par les failles, est-ce possible,
le déchaînement hagard du désir ?

N'était la massivité des âmes
inanimées dans la touffeur.
Sans mélancolie
sans vertige
le lent déchoir des exsangues.

Alentour luisent des arbrisseaux
inoffensifs
comme une sourde incandescence,
de plein vent sous la nuée de la *vita nova*,
lourde veuve qui jamais ne quitte
toutes nos tombes.

* * *

Peut-être l'oiseau a-t-il
certaine consistance
pour fixer le nœud
et défier l'étreinte de la ronceraie ?
La résonance de la plume allègre
est fort corrosive.
À la foudre elle s'enflamme.
Ainsi se tend l'oracle,
ainsi l'acte de l'aile
est-il restauré dans sa permanence.

Les chants larvaires
ont l'étendue de ce vol,
le seul transfigurant
le seul audible jusqu'au massif.
Car là-bas perdurent les alliances
parmi les célébrations
de terre, pierre, verdure.

Sans elles qui pourrait attendre
le cheminement des dieux en rupture,
comme une stèle maudissante ?

Quelques traces de cœur
contre le battement de l'enfer même...

* * *

La clarté demeure close
par le refus de la nuit.
la séduction du souffle
tout prochain
n'opère qu'au plus bas
quand le jour s'étrangle
dans sa naissance.

Le chaos se presse-t-il ?
alors abonde la rosée,
le vert s'arme
pour le travail distant du soleil,
le froid labeur de son deuil.

Plus grande violence peut surmonter
la coupure d'avec l'homme.
Maintenant l'orbe est délaissé
par celui qui était regard.

* * *

Et pourtant que de sites surgissent encore
avec un bruissement de pain,
tant l'odeur était humaine
depuis l'amour.
Sous la force du tourment
leurs arbres cessent de tournoyer,
ils franchissent l'air
comme des pensées.

Jadis la profusion de la mer
fondait le naître.
Tout était si bleu
quand l'infini nous arrachait à la terre,
nous épurait, nous appareillait
pour la respiration profonde.
Alors sur l'abîme le sang se levait
car sa substance était de tendre.

Ainsi le fleuve magnifiait
la rouge voyance poursuivie par les crêtes
jusqu'à l'eau du ciel;
le golfe enclos éclatait:
que de souveraineté en l'anneau rocheux!

L'ample force de la terre
brisait le bronze du mauve.
Ainsi s'allumaient les forêts,
les fougères portaient la chambre,
et le couple ruisselant d'âme
attirait l'aube.

* * *

Mais non !
nous n'avons été conviés.
Rien ne se dresse.

Le périple se poursuit comme un écho
selon un pacte.

Le pays même déborde sa trajectoire,
l'échine est rongée.

LA TERRE D'OÙ...
(1968-1971)

LES MOTS

Les mots se mesurent
à la noirceur du tain.

Ils ne franchissent les larges aires
germinantes s'ils n'acceptent l'errance,
si en nos morts ne se dédoublent.

Parfois de très hauts bulbes,
ne sont-ils que des survivants
de domaines bleutés, de la naissance,
grande assise de l'époque
vers laquelle s'orientent
nos tournesols ?

J'assemble mes mots comme des pétales
sur la catastrophe.
Depuis la nuit ils tendent vers la rose.
La femme est restaurée,
le nombre solaire émerge.

LA LUMIÈRE

La terre nous héberge tant elle brille,
mais bleu je suis en cette poussière,
et très glacé par l'outrance.

Les affres du regard bien clos...

L'âme est portée crue au-devant de la mer,
conviée bien que plombée sur la plage.

La lumière étreint, si constante,
qu'elle œuvre tel un pressoir.

Ainsi sommes-nous parfois clamants d'amours,
célébrants par l'amplitude d'une flore
de tous nos juillets depuis l'enfance.

LES FOUGÈRES

Merveilleusement de la terre le trembler
quand toute neige l'illumine encore.

Les anges ne sont-ils repliés en froidure ?
Pour une veillée auprès de l'astre
qui entre en cellier...

Que s'égare la mort, ma suppliciante,
le temps d'un regard frais
tout près de ma racine !

Le parcours se fait tendre en la courbure
et l'amour délaisse l'impasse
par les fougères.

LA VIE FÉRIÉE

Le ciel retentit violâtre
de présences évanescentes,
de pistes inachevées de la mer.

Cessera-on de solenniser les ombres
de la vie fériée ?
La mort seule est parole…

Mais la fondation persiste sur la pierre
de nos vieux anges
qui toujours éclatent.

LES TRACES

Toutes les tentes défaites depuis la foudre
les traces d'un songe encor visibles
au-devant tel un printemps gravide
de lancinant soleil.

Mais je n'émerge du clair-obscur,
ô mutité de l'ambre !
du désert où Rembrandt m'a laissé.

Et si j'ouvrais la mer pour l'honorer ?
que tremblerait la mémoire !
J'entends le bleu qui fortement palpite
là où passe la mouette.

L'ÉTÉ

Que lent est l'être qui vient
illuminer l'air.

Sur la rive d'un été on se dissout
à tendre le cœur vers les traînées
des odeurs ombreuses
et la luisance des paroles de safran.
Malgré le ciel de feuilles qui scintillent,
le soleil s'appesantit sur la nuque.

L'âme est lasse dans l'esseulement.

Les marais montent, les grilles
comme des écales autour du souffle.
Quelle outrance dans l'infini
de lumière qui retombe sur l'œil clos !
Les mains même se diluent contre la courbe
de la présence encore pourtant si vive.
Et la pensée se mutile
dans les buissons des cigales.

Que sourde est la fontaine sous la touffeur,
et secret le passage du convive !

SÉMÉLÉ

N'approche point le faste
ni le sublime de cet Époux.
Éteins la braise du regard
à Son appel.
(La fille de Saturne prend ombrage.)
Quitte à jamais la couche du ciel :
ton Époux de force et d'impuissance
foudroiera ton désir,
car Ses rayons enténèbrent.

Au loin la terre est tendre sous les ombres,
les fleurs frémissent devant ta merveille,
et la forêt te protège
contre les rudes ardeurs.

N'ouvre point ta bouche devant le grand Soleil,
voile ton front sous Sa parole.

Au loin plus bas parmi les sombres,
abandonne-toi à la fraîche dérive,
à la voix des lyres du vert.
Retourne, ô tournesol !
ta beauté vers le berger.
La transhumance est proche.
Les agneaux sont de neige...

Mais Sémélé se dénudant devant le dieu,
toute rose totale s'imprégna de l'éclat.
Et l'humaine tomba en pétales d'or
sur la pierre noire de notre mort.

LA MONTAGNE

Certes la montagne...

Le versant ne trace-t-il son appel,
là où les arbres ni les ombres ne clament ?

Et s'éteint le sourire même,
finement figé à l'Orient,
qu'un soleil abandonne.

Haut je porte du veilleur le blanchir
et cet œil levé en brûlance
contre l'avancée du souffle.

ICI, AILLEURS, LA LUMIÈRE
(1977)

LE TABLEAU

Visage lentement ouvert,
mais avec un fracas de cire au pourtour,
un soleil d'eau dans les parages.
Son âme se mut telle une forme de sable
bien pensée, bien jouée par le sourire.
La mer entière se leva près de la table,
à Vence ravissant
le doux tableau affiné par la mort.

L'ALOUETTE

À Neige et Robert.

Chaos de granit piégé par le vent,
tiré au-dessus de la mer
par l'hécatombe des oiseaux qui s'offrent :
de l'émeraude tout émerge !

N'étions-nous suspendus
par le fil du dérivant désir,
ancrés dans le vertige,
violentés par le bleu et l'écume ?

Très haut vibrait l'alouette,
noyau de sons, échos de Ventadour.
Clair, son chant ouvrait l'espace,
comme la rose de temps ouvre le soleil.

Mais sur nous, telle une morte,
elle retombait avec ses éclats,
ses lambeaux de ciel au bec.
(Ainsi foudroie l'infini et se désaccorde-t-il.)

LE FLEUVE EN L'ARBRE

À Gilles Tremblay.

Quand le bleu en lui l'épure
des vieux noyés, de la morte glace :
le soleil jubile et s'y déploie
en le chargeant de glyphes
dans une onde bienveillante,
une langue de cymbale
feutrée par le duvet
de mille tourterelles.
Trop naissante, trop pure,
la lumière lui offre en holocauste
le regard qui ne sait accueillir
le fracas de l'étincellement.
Ainsi le fleuve chemine
éperdu de printemps,
fécond de transparence,
de même qu'un arbre s'accorde à l'air.

LAC LÉMAN

Léman disjoint le sang et les cimes
au loin si claires si primordiales.
À Montreux le paysage s'est retourné,
recouvert par mon propre paysage
fondant la femme et l'eau.

(S'affinent mes membres se reposent
dans l'espace qui se propage.
Aveugle je regarde fixement les Alpes,
fixement l'innommable.)

Léman me permet encore de vivre,
de ne pas me rompre contre les hauts versants.
Léman, toi ma femme tant aimée,
si près des neiges que le soleil fascine.
Mon paysage lentement s'est expliqué.
Que la montagne a tremblé pour mieux m'atteindre!
Mais je m'enclos
en cette mienne mort,
avec les premiers signes
d'un passage qui s'ouvre.

PRINTEMPS D'ICI

« Si je t'oublie ô Jérusalem... »
À Jean-Guy Pilon qui se souvient.

Là-bas, naguère,
ni le silence ni le cœur
ne clamaient auprès des paysages.

Ici, maintenant,
la verdure n'aurait pas de seuil,
le balancement léger du vert
serait illusoire ?
Et la fleur même se détournerait
sous le cendreux du feuillage
à jamais chu et noir ?
Alors qui debout oserait
affirmer le battement vif
dans nos corps qui dérivent,
ou feindre avec la voix
l'éveil de l'oiseau ?
Notre sang brûle peut-être
en rêvant au bleu, à l'or,
et s'éteint comme la braise.

Mais nous mûrissons un monde,
par-delà la mémoire,
ainsi qu'un soleil encor secret.
La Galilée et Jérusalem montent en nous,
indicibles sous la rosée sanguine,
et soulèvent la lumière.

SOUVENIRS

À Andrée.

Immobile, pourtant
je suis si loin !
par le long cordon du voyage
qui me nourrit, chemin de chaleur
allant du lac à la mer.
Miroitent ici les arbres en départ,
les hautes nappes de vert tendre.
Quand mon regard ainsi éveillé
se tend vers les signes,
vers la frange du Jura souabe,
le bleu de la Forêt-Noire, la vigne d'Alsace :
les phalènes s'y brûlent.
N'ai-je été trop souvent
le convive des dieux,
l'adorant des lumières ?
Tous ces souvenirs qui me portent,
enserrant un paysage,
qui m'aspirent comme un abîme
béant dans le temps !
J'étais ailleurs...

LA FLÛTE

À Sylvie.

La tête qui porte la flûte
jamais n'est trop altière.

Par ton souffle le monde appelle,
et depuis l'âme le silence feuille.

Par toi fulgure le son premier
de l'oiseau premier qui dressa l'arbre.

Le soleil même aurait percé la tige
pour les lèvres tendues vers sa lumière.

Le roseau a pris vie en la pierre.
Les dieux ont évoqué l'argent et l'or.

Quand tu lèves la flûte, la mort s'enroule,
troublé le serpent tournoie.

TOMBEAU DE JOUVE

La voix qui ouvrait le cœur
en lui s'est tue.
Ni les glaïeuls ni le bleu
ne l'éveilleront.
L'entourant même, bienveillant,
le ciel s'éteindrait.

Poitrine plus vide
n'a mieux chassé l'air
qui appelait la parole,
la formait, la brûlait.
Ainsi montaient les oiseaux de sa bouche
avec des plumes de flamme,
tandis qu'au loin ils emportaient l'arbre.
Ainsi se tendait la terre
en la sonorité profonde
de feuille, d'or et de voyelle.

POINTE III

À Miodrag Pavlovic.

La *Belle Ferronnière* est enclose.
On ne revient pas
de l'être sous l'amour,
du cœur criblé par les oiseaux.
À peine le regard vient-il de surprendre
le travail de la nuit.
L'âme est piégée.
Le fil noir tranche une telle nudité !
Certaine folie approche
quand le ciel enserre.
Le partage commence.

LA *TABLE DE PIERRE* DE BRANCUSI

À Jean-Paul Jérôme.

Tout le ciel vient vers le silence
et s'arrête.
À l'entour lent de la pierre
sont conviés les invisibles.
En elle parfois le grain résonne.
Muette comme un lever de jour,
ta main naissante a dessiné le cercle
où se brûle ton regard.

LE MASQUE IBO

À André Belleau.

Le masque de noir sans fin
infiniment désire les départs.
En lui Paris me recèle,
en lui tout soutient ce soleil qui tombe
là-bas sur les toits.
En lui s'allument les yeux
jadis scellés par le deuil,
maintenant aspirés par les lueurs
(comme la Seine est appelée par la mer).
Alors le cœur ne se blesse
aux paupières mi-closes.
La mort se tait dans ce silence.
Qu'importe ! ne devons-nous surprendre le temps ?
Immobile est le masque...
Or parfois il se retourne
en lui-même risquant son départ.

LA *NATIVITÉ*
DE PIERO DELLA FRANCESCA

À Gilles Marcotte.

Je m'avive en voyage,
les anges me franchissent.
Allégé je reviens
et me dresse parmi les formes,
très tendu jusqu'à l'œil.
Et pourtant la musique nous oppresse !
quand cette lumière profère l'espace,
comme un silence par Dieu seul entendu,
mais saisi profond en la pupille,
à l'instant de toute naissance
depuis le regard où se tait le monde
avant que d'éclater et jaillir bleu.

OUÏ-DIRE

La rudesse d'une soie...
Pierre et fleur de scellante,
la femme que teint l'hiver.
Serais-je en mort sous elle,
frappé comme un soleil lige ?
Croît le pouls depuis la source.
Un cœur crayeux d'appels m'assaille
jusqu'au bleu disjoint :
voile d'ombre et d'écailles,
sommet de l'ouï-dire.

DÉLIRE I

À Ovidiu Cotrus.

Dame venant derrière ma nuque,
notre poème nous précédant comme une ombre...
Tes bras me traversent.
Tes murmures me démembrent.

Et se love le lierre du premier jour.
Et mon âme peut répondre
en fixant bien la pierre.

Le corps se tait jusqu'à la cendre.
Ne suis-je qu'un vieil olivier
si rocheux au-devant de l'eau qui tarde ?

Notre festin se fonde
dans ces jambes qui racinent.
Si fragile est tout mouvement,
si sonore le pas sur le sol.

Enfin puis-je vouloir de tout l'être
vers ce silence qui nous convoque.
Là je brûle où tu me soutiens.

Dame, mon arbre de délire,
voix vive poussant
poussant vers la ligne lunaire
de tout abîme.

Dame, ma blanche mort
et mon soleil derrière,
la forme de mon ombre.

DÉLIRE III

À François Fédier.

Ce mal en désir,
infini rossignol,
s'avance large ô massif, ô
Ventoux labourant le bleu dense !
Les pins frêles, tournés vers la mer,
depuis la pierre s'arrachent
et vacillent de poids noir.
On s'imprègne des ombres
et du vent et des tourments
en la nuit qui crépitent.
(Enfin ! la poésie d'Iseut ?
Le ciel ne se presse-t-il contre elle ?)

LE CROISSANT LUNAIRE

Croissant lunaire...
Il s'agit de gloire ténébreuse.
On s'enlise dans cette lune,
la folie afflue par la blancheur.
Qui éteindra la fausse vestale ?

En foudroyant, l'arbre est frappé,
mais quel tombeau de majesté !
Que d'oiseaux répandus
sur les ombres, les marécages,
sur le flanc de haute douceur !

Comment brûler nuitamment
aux limites du cœur,
(ne suis-je clos ?)
en rassemblant la mer,
le soleil qui ravive,
la terre de l'étreinte ?

LUEURS

Et parer l'éclat comme naguère,
tel un métal résiste au brunissage,
subir le noir,
tremper son âme
quand l'homme se plie aux ombres.
(Suis-je en danger de pourrissement
dans le cellier de la nuit ?)
En me rassemblant parfois
(comme un ciel peut s'épaissir soudain),
j'ai l'œil fermé aux lueurs
naïvement jaunes
du soleil qui me porte.

TON DOS

La lumière prend ton dos
comme elle accorde le sable.
Temps blanc de silence,
fête à brunir le visage...
C'est un lever clair de mer
si tendre et profond
que tout mon mal se retourne.
Voici que l'esprit te lisse
et t'attire l'hirondelle.

MA FEMME

À toi.

Quand le soleil m'enchaîne,
les soirs d'orange en déclin,
et que je penche vers mon ombre,
dernier recours de ma présence :
le bandeau de la peine
me scelle la pupille,
et suis comme l'enfant
que le désir fuit à reculons.
Le sang doit forcer l'opacité,
le ruisseau bleu la glace.
Que de murs étrangers
entre le cœur radieux
et l'espérance rampante !
Ma femme me tient en elle,
comme elle tient la terre,
avec le bercement ferme
de la marée tenace.
Et lorsque le dernier rayon
a franchi l'autre monde,
près de l'horizon elle s'élève
en me tirant de la ténèbre.

VIGILE

Longue est la vigile
dans la tourbe et la roselière.
Où gîter pour surprendre l'embellie
qui passera au-dessus du regard ?
Ne se tourne-t-elle très attentive
vers celui que la voyance emmure ?
Parmi nous, qui a le chiffre du dédale ?
Ne suis-je menacé sans cesse par la lise,
harcelé par le noroît ?
L'oracle à venir me dresse,
comme un disciple appelle le prodige.
J'hivernerai jusqu'à la transfusion de sève.
(Comment si nu proposer un pacte ?)
Même le grésil peut donner la lumière.
La torpeur parfois me touche le désir.
Tout s'enneige alors.
Je suis sourd aux bribes de bleu.
Il faudra bien que le dieu parle aussi,
que l'espace entier là-haut
soit ouvert par la démesure.

EN QUELLE PATRIE ?

À Jean.

En quelle patrie vais-je m'étendre
au travers de la mort ?
(Si près passe-t-elle
que s'éteignent les fleurs...)
Me donnerait-on à la mer ?
Dans la barque glisserais-je sous le Pont-Neuf ?
Serais-je lié au soleil en chute
que Phaéton ne maintient plus ?

En quelle patrie dois-je me clore
si mes ancêtres ne parlent plus ?
si en eux se perd ma parole
sans retrouver la voie de l'arbre ?

En quelle patrie chanterais-je,
feuillant parmi tout ce qui se défeuille,
dans l'immensité du floral
dans la lumière qui afflue ?

L'OPPRESSION

Rien ne m'est advenu
comme donner des morts à la terre,
enjamber la toundra
ou recevoir la lune en secret.

Pourtant, je suis abreuvé de désert
aussi bien que par l'eau d'une lueur.
Je passe de l'ombre à la nuit
en pesant les souvenirs :
la rose voisine avec le fou de Bassan,
la forêt s'avance sur le lac,
le féminin me tient en délire.
Je piétine parmi les images.
Tant de tableaux tourbillonnent !

Si la saison subitement s'ouvre,
et que l'aimée plus amoureuse
la traverse et se propose,
il me faut malgré tout
à deux mains me saisir
pour écarter l'oppression.
Le monde s'éloigne de nous
sur la déclive de la vie errante.

GLACE

La rivière des Prairies
a pris glace
tandis que Schubert glissait sous l'eau.
Qu'aurait-elle fait d'un lied
où l'âme passe en nous allégeant ?
La rivière longuement fuma
comme un bétail en fureur.
Mais le soleil bleu massivement se répandait :
la peau de gel noir arrêtant
ses spasmes, sa métamorphose.
De vapeur à lumière cette oscillation
a duré à peine le jeu de quelques nuages
et l'éternité d'un adagio.
Lorsque blessés par l'esprit
nous avons ouvert l'aujourd'hui :
tous nous roulions sous la glace
qui avait pris forme
le temps d'un mirage de la nuit,
d'un seul regard vers l'aimée.
Ainsi la Moskova que j'ai veillée
du haut de ma tour en franchissant
la tour rouge du Kremlin.

MÉMOIRE

Qui ne s'est égaré
solitaire sur la place
d'une mémoire mêlant les chemins,
piétinant d'être liée
dans sa tristesse,
dans une fosse de lueurs mauves ?
Le temps, la ville nous ratissent
avec un bruissement d'argile,
des jeux de fausse force,
avec des filets bassement printaniers.
Nous serions des ombres d'hier,
Des fœtus enveloppés par les arbres ?

TREMBLEMENT

Le mot résiste à toute naissance
comme un envers de soleil,
une fermeture pierreuse à l'éclat.

Que l'âme puisse capter le pouls
sous l'innombrable,
et mouvoir l'immobilité froide!
Quelque vibration sourde émerge
avec le tremblement du récit antique.
Certain sens finit par se distendre
sous le pressoir de l'onde,
l'onde lente longue depuis la mer.

Comment l'illumination
ne donnerait-elle la cadence,
ne soulèverait-elle le cœur?

Quand meurt l'alouette,
en brûlant le bleu,
et que les ailes se dispersent:
c'est le signe, l'instant
du mot qui assemble.

La terre parle avec un mal de silence
qui a pu passer par la mort
de la profession nouvelle.
En nous quelques vestiges,
quelque mystère après la marée
et les retombées de ce qui a disparu.

ESQUISSES

Or la lumière s'élance
comme un dieu s'use en se répandant ;
pousse de rudes ombres
que l'âme et le nuage à l'affût
épongent aussitôt.

Ainsi l'homme s'embrase à la joie dure
d'un feu natal d'une folie parlante,
mais se retire muet en la nuit du corps,
maîtrisé par le sang
et la pression du froid.

LES PENSÉES

Les pensées se dispersent,
pareilles à des ombres du haut désir.
L'oiseau brisera sa longue errance...
Les amants qui s'étreignent
en pressentent l'épouvante.
S'agitent au loin les trembles
dans le délire de l'air.

Mais toute parole doit-elle
s'enténébrer ?
Sans vision le cœur
ne peut-il que choir ?
Ne lui faut-il mourir
depuis la nuit du regard ?

Alors le matin passe
sans que l'arbre se redresse,
passe parfois très haut
comme un accord de la mer.
Parmi nous plonge l'hirondelle,
en plein rêve,
lame fine et bleue.
L'âme s'éteint.
Le corps nous ferme l'horizon

LES FEUILLES

À Nicole et Gilles.

Nous quitte l'arbre
à l'approche du solaire.
Comme des paroles initiantes,
les fruits n'en finissent de brûler...
Il fera blanc autour de la mer.
Derrière le regard, des vignes
déjà si lourdes
que tremble la terre
quand l'effleure l'hirondelle...

L'ailleurs ici demeure,
telle une trace en saillie
sur la mémoire.
Par elle toutes bêtes s'éloignent du cœur.
Sous les trouées à vif,
les feuilles se rassemblent.

L'ÉTAU

Le bruissement de la mémoire,
ainsi qu'une secousse de feuillages,
quand la tête est bien close.

Invisible sur les souvenirs
la pluie s'abat pressée par le vent.
De haut en bas la fine déchirure,
écarlate et noire,
vibrant aux mouvements secrets
de la mort, de l'infini.

Ô le passage soudain
de la musique inaudible!
Et pourtant la vie,
mieux imprégnée de terrestre,
depuis l'été à jamais irradiant,
n'a pas perçu le mur
tant le lierre y abonde
et rougissent les roses,
les soleils en naissance.

La plainte vive,
étau du corps,
m'emporte quelquefois.
Par la vallée descend le regard
vers la mer lointainement cristalline.
En elle doit s'engouffrer le désir.
Elle seule semble assez ancienne
pour que la nuit s'y perde.

INSTANTANÉ

Hors du visible
à peine on respire
que nous touche vif
le moindre merle.
Comme si l'oiseau qui marche
sous lui sentait le feu,
la force des racines,
la parole quittant le langage.
Le matin, sur la mer,
à peine éclate.
Trop près se tient la terre.

L'HIVER

Agissant nombreuse et muette,
comme la neige nous surprend !
(quelle bête de froid du fond de l'absence !)
J'ai le regard derrière les arbres,
en ardence, dépistant les tremblements
qui nous chargeraient le cœur.
Les cristaux se dérèglent en silence,
allégés de ne pas réfléchir le dieu.
On se débat contre l'immobile.
On arrache au bleu des paroles
qui fulgurent quelquefois.
Un grand appel de feu nous tient en éveil.
Mais souvent sommes brisés, bien enserrés,
par cette mort neigeante et neigeant
venue des étendues de l'homme.

LA TERREUR I

Une lumière telle rend son venin...
Nous éblouit dans un déclin d'or
et de sonorités
pour mieux assourdir le cœur.
Camouflées de ciel neigeux,
se révèlent maintes puissances :
elles ont bien quitté l'horizon.
Gare aux morts précédés de sonneries !
D'instinct l'âme recule et s'empierre.
La nuit proche étrangle le dernier chantre,
le dernier son qui convie les dieux.
Et l'amour gémit
en un rite inaudible,
une langue si muette
que l'hirondelle en tremble
sous le battement de ses ailes.
L'air, à peine respirable,
mais saturé de mer,
ailleurs, là-bas, en d'autres temps,
peut-être n'atteint pas encore
le bercement de l'origine.

LA TERREUR II

De l'est à l'ouest le cours ne s'ouvre
du long soleil en son corps de clarté.
Le parcours est invisible, puisque l'ombreux
n'a plus de mesure, et que plus rien n'irradie
avec le bruissement des heures.
La neige est morte où s'avance le cœur éteint.
Et les arbres sont suspendus
pareils à des filets hors du temps.
Passe le bleu au-dessus du désir...
Mais sommes-nous assez éprouvés pour hurler ?
Chancelant, qui se lève là où n'apparaît le jour,
l'oreille contre l'Orient,
et les mains caressant l'air,
au nom d'anciennes chaleurs, de très-pur midi ?
Qui entonne le blanc comme un oiseau s'oriente,
comme de la ténèbre une femme sort nue et mûre ?
Même le grand hiver se fige en la grisaille.
La terreur précède le souffle des lueurs.
Toute lumière est travestie.

EN LA NUIT, LA MER
(1980-1981)

LE BONHEUR

Or rien ne brûle
le feuillage
ni ne ferme la mer.
Le jour paraît serti dans l'arbre.

Passent les heures,
les pensées de lumière.
Le dos contre la mort,
qui ne saurait aimer ?
Laissons le corps
couler ses ors dans l'âme.

LA SAGESSE

À Sophie, la naissante.

La sagesse peint la naissance.

Le vitrail des grands arbres
se ravive par le désir.
Mais qui entend le vert,
la rosace du monde ?

Ne cesse d'adoucir la terre,
en sa puissance, sa folie,
ses éclats.
Il te faudra tant d'âme
pour greffer ton regard,
et laisser sourire les sons,
les perles, la parole
au-dessus de la mer.

LA MUSIQUE

Comment détourner le regard,
quand la mort se fait tendre ?
Bien le nourrir en soi
d'une rosée de nu et d'aube ?

Et que s'apaise enfin la voyance,
s'éteigne le feu froid des veilles !

De la racine au solaire,
comment lier les jours,
et brûler dans nos pas ?

Cette musique baigne le corps
comme un laitage de l'âme.

Qui ne luit seul entre ses murs,
gisant debout,
cœur touché par la femme ?

LA TERRE

Certes la terre est ferreuse...

Mais ce matin, largement baigné d'air,
on sent que les bourgeons s'ouvrent
dans nos yeux, à la pointe des seins,
en la rondeur de la perle.

Tout croît par-delà les murs :
la mort et le sens.
Quel saut vif dans l'autre lieu !
Là où la terre offre sa transparence,
végétale comme à l'origine,
aux confins et au-dedans du désir,
souverain en l'inclinaison des prés,
si impalpable, si féminine.
Tout rêve, tout respire parmi les herbes
et les couleurs.
Tant d'efforts depuis l'écorce,
pour percer la sphère par les cimes !

Certes la mort va nous retourner,
entiers dans l'outre-visible,
nous oublier ainsi qu'un vestige,
un amas de blancheur mate :
mais un souffle de feu
poindra dans nos membres.

LE MATIN

Le matin sans apprêt
lisse ta fatigue.
Se calme ton visage
telle une eau murmurante
devient miroir

Une autre fois tu te retrouves en marge,
mot oublié que le réel envahit.
Quittant son versant,
lentement la nuit tombe de ton corps,
et lave tes ombres,
arrache tes cauchemars.

À peine nocturne tu abordes
la fenêtre, sans ouvrir la parole,
comme on rejoint la lisière du monde
en plein espace où les arbres s'assemblent.
Acceptant la lumière,
tu reçois le pinson,
et l'onde puissante
par la grive au sol.

Vers moi tu t'avances,
me donnes la mer
dans un éclat de tes regards.

JUILLET

Si je t'approche,
et marche patient sur la plage :
je te confonds avec la mer.
Les murmures s'assemblent
en gerbes, en volées
au-devant des désirs.
Ta peau respire le champ bleu
et le vent des ombres.
Les pousses éclatent parmi les pierres.

C'était juillet.
C'était le monde.
C'était nous.

LE BOUQUET

Quand je te veille en la nuit,
les mots des morts me rejoignent.
Tout me donne à la ténèbre
et non à la mer.

Que de présence
et d'oreille me faut-il
pour brunir ma parole,
ou la laisser mûrir :
pleine perle des vignes.

Alors se déploie mon désir
comme un bouquet.

TRANSPLANTATION

Le vert m'enivre, la pierre jubile :
rien ne m'apaise.
Appuie ta joue
où la mort travaille.

Je croirai entendre un chant,
et non plus la ruée des mots
qui prétendent me convoyer.

Le cœur me quittera peut-être
pour se souder au tien
que j'ai si mal tenu.

L'ÂGE

Tu as le buste tangible
(même pour l'esprit),
l'ivresse dans les hanches,
la bouche vive :
et pourtant tu es si muette,
femme sans ombre,
toujours naissante
depuis l'éclat premier.

Nous entrons dans la nuit.
Notre chair émet des signaux.
Nos pas se confondent en notre âge.
Comment retenir nos corps,
se souvenir des jours de plénitude
auxquels nous sommes greffés ?

LA CLAIRIÈRE

Et ta peau,
comme un pré nubile,
sent la nuit d'été ce soir.

Je n'en finirai de me fondre
dans ta présence qui s'estompe,
par tes courbes, par tes secrets ;
chemin de ta douceur,
sentiers frais de ton île.
Mon corps éclate
saturé par des poussées de pétales,
de neige et de nu.

Non ! je n'irai en terre avec le sourire.

Il faudra que l'hiver me tue sur toi
(avec l'éclat de son cristal),
que le lilas filtre ma mort.

Enfin ! je descendrai serein et tendre,
en franchissant le fleuve,
à pied, à désir s'il le faut,
par le fond noir.

LES FIANÇAILLES

À Lisette.

Ta chair ! qu'elle module encore
là où la mort a tracé son sillon.
Il y a tant d'années
que j'avance sur elle
comme la mouette prend le large.
Je ne saurais fraîchir en d'autre lieu
ni soigner mes ailes.
Quelle âme tienne m'a donné le monde,
pour que les jours, les peines
s'estompent sur ton épaule ?
Tout m'aspire en ta profondeur.
Tu es pourtant si mortelle
que l'horreur m'éclabousse.
J'ai le cœur secoué de tremblements.
Mais il y a tant d'herbe entre nous,
tant de joies grandes ouvertes
sur le bleu, les vagues, le parfum de mai.
Comment ne pas mourir ensemble si ensemble
nous avons bien nourri la mer ?

L'UN

Que de regards impénétrables
depuis la peine, depuis l'ivresse.
Les mots quelquefois se rassemblent
et battent de leur sens.

Des ombres te franchissent,
quand les arbres baignent dans le brouillard.
Deux mains lasses, ô pesanteur !
courbent ma tête vers l'innommable.

Tes ravissements,
tes pensées d'enfant veulent
m'enlacer l'âme, mais s'éteignent
comme des lueurs dans la nuit.

Vient le frisson de nos désirs
qui de loin palpitent et sentent la mer.
Comme nos corps se parlent !
Quelle tendresse ouverte aux présences !

Puis tout se tait dans nos parages.

LE CROISEMENT

Lorsque l'oiseau et l'écriture
en nous se croisent :
que d'alliances d'ailes et de sens.
Déchirure imprévue...
Prochain paraît l'assaut des couleurs.
Le trait de lumière
tisonne la souvenance,
sans égard pour sa lenteur.

(Aussi, quelquefois,
la rumeur sourde et sombre
s'épand telle une mer
que la respiration ne scande.)

DEBOUT

Femme lente,
soumise à l'accès de nuit,
plumeuse ailleurs,
ici plombée de regards.

Comme tout s'éclaire
du vent des violettes,
du venin des voix anciennes !

Homme enclos,
maladivement debout,
proférant ses ombres,
quand l'oiseau tombe près d'elles.

LA JEUNE FILLE

Avec force et constance,
le fuit la jeune fille,
ou s'en prend à la lune.

Les absents la partagent-ils ?
Son corps est-il la courbe
en mal de lumière et de sable ?

Sa forme répond à l'horloge :
elle entend bien ses sœurs.

Seul l'amant s'insurge,
qui l'offre à la mer,
la polit et tresse le nimbe.

Elle paraît absente sous sa robe.
Il retourne aux glaises, aux marais.
Juin viendra !
Le temps ferme le cercle.

LA BARQUE

Parmi les mirages,
les flaques vespérales,
les sédiments de l'âme :
le sein pur de nos fantômes,
le temps baigné de mer.

C'était avant les vents rouges,
en la terre jamais écrite,
en l'avenir de l'enfant qui rêve.

Désormais, où sommes-nous ?
Sous l'arbre qui bourgeonne ?
Sur la barque funèbre ?

Qu'ici le fleuve soit en nous
infranchissable !

LE COUCHANT

Mais je résiste
quand tourne la terre
et se lève la mort avec elle.
Le cœur pompe la mer entière.

Et je me tiens droit sur la courbe,
comme l'oiseau plus près des cils
surveille la poussée du regard
lorsque s'ouvrent les arbres.

Il suffit pourtant du passage des ombres,
d'un fracas d'absence,
pour que mes bras t'abandonnent,
ô corps si frais en son nu !

LA MARIÉE

Le cœur s'effrite en son abîme
de fleurs et de venins.
Viennent les vents, les nuées,
retombent les poussières, les pétales.
On vieillit d'avoir rêvé.
Jamais plus la mariée ne viendra
descellée ou transparente.
Le corps s'en va voûté, noirci
d'avoir si mal aimé.
Le front se ferme, s'appuie au silence
qui lentement brise la mémoire
Un à un les souvenirs,
ainsi que des feux à l'orée de l'âme,
flambent et retournent en la nuit.
Ne fût-ce que le temps d'un éclat,
s'allumera-t-il notre frais désir,
brûlera-t-il ce qui s'ouvrait,
espérait et croyait vivre ?

LE NOCTURNE

Qui ne serait aux abois,
terrassé par le nocturne ?

L'épaule nue s'est donnée au silence
profondeur courbe
ainsi que la voûte d'un cloître.
La cuisse
et la coquille sombre
(naguère si fraîche près des vagues)
n'apaisent plus.
Rien ne disperse le pollen,
ni ne polit le regard.

Tout se meurt d'extase éphémère.
La seule forme convoitée,
par le solaire,
se défait et s'enfouit.
Et les yeux guetteurs,
et les mains de marbre :
tout se rue dans la nuit.

LE SILENCE

Comme les arbres se taisent
en leurs branches sans ailes,
corps dressés qui n'ondoient mais aspirent
à leur ombre, à leur source !
(Le végétal n'aurait-il droit à sa pensée ?)
Espace sans fleurs et sans tombeaux
que la mort ne parvient à rejoindre.
Silence des sillons
et travail du pollen

LE NORD

Tout ce soleil qui submerge
toute chair, toute espérance.

On se donne, en ces jours,
à l'arbre qui informe.
Surtout que la mort s'approche
et ose offrir son miroir.

Cela nous renvoie une image
de nénuphar qui s'étiole.
Comment se reconnaître ?
Ailleurs qui ne fulgure
quand l'assaille le torrent d'avril ?

En deçà, tout l'être se disloque
(ô pauvreté noire sur la roue !)
par la clameur du regard.
Des années se succèdent
comme bougent les ombres.

N'importe ! si on pense l'oiseau.
Qu'il pointe où le Nord le porte !
Là-bas, paraît-il, la nuit
a moins de poids sur l'aile.

LA PLÉNITUDE

La mort rejoindra-t-elle sa lumière
en la femme fraîchement amante,
en sa courbe opaline ?

Dans l'étreinte furieuse
ou la froideur de deux serpents :
tout peut survenir.

Luira-t-elle d'un noir
que le blanc seul peut brûler ?
Passera-t-elle par l'amour,
unique, retourné, comme un lis
éblouit le sable ?

Je pense au désir,
à la misère des membres,
au regard sans larmes comme une flamme.
La ténèbre, ou l'absence,
saura tout imprégner.

Ne laissera-t-elle que des os,
dans une plénitude sans ombre ?

LE VIDE

Face à la somme des jours,
parfois enfouis, parfois engrangés :
la poussière des pensées
devient pierre sur l'épaule.
Ne faut-il constamment se redresser,
mêler le feu à la moelle,
vibrer tel un pré dans l'attente ?

La descente des grandes images
n'en finit au-dedans de la nuit.
On respire avec une mémoire
plus sensible aux teintes
que prend le temps, aux rayons
que lancent les regards.

Sans de frais accords,
perçus près du cœur,
qui pourrait affronter
le tremblement, le vide,
auquel se heurtent les désirs ?

LA GLOIRE

Le soleil près de nous se diffuse
et fait blanchir le bleu.
Mais qui ne sait le lien
de la mer et de la mort ?

Il arrive qu'en ces jours
on s'enlise à défaillir.
On croirait qu'ici les oiseaux
ont perdu leur lumière.
Aucun amour ne remonte.

On se voit enclos dans la poitrine
avec des poumons que l'air
plombe puis élonge.
Qui nous parle encore de la « gloire »
d'être vivant, d'être mort ?

LA RIVE

Une telle masse de paroles...
Le bleu lointain parfois s'entrouvre
sous le choc du désir.
La chair a le duvet d'un ciel
et l'esprit d'une cire qui fuse.

Pas encore !
Le pollen peut éclore !
Cela parle dans les sillons du cœur.

Pas encore !
Que de sable infini
d'ici à la mort,
que de corps blanchis en la vigile,
là-bas, en moi où j'aspire
à la rive !

LE NOUVEL AN

Oui, dans tes replis,
les morts te reconnaissent
bien avant que ton âme ne les supplie,
que la nuit ne la convoque.
Quelque part en ta parole
les volées d'éclats d'abord s'éteignent.

C'est l'instant de quel temps noir ?

Or ton cœur pourrit d'absence,
tes yeux s'égarent parmi les bêtes.

C'est le pas premier en quel espace ?

Va sans ailes. Retrouve l'arbre de naguère.
Rien ne peut ralentir l'agression des ombres,
de ton silence à ton désir.

HORS DU MONDE

La fauvette que frappe le vertige
trace des festons en quittant l'arbre.

Ici la vie se maintient
sur la pointe de la mort.
Le mépris pour les murs !
Le grésillement des regards
avant de s'éteindre…

(Tant de bleu naguère sur l'épaule.)

Tous les paysages se ferment,
ou explosent dans la mémoire,
ou s'épandent par les brouillards.
Même la montagne se renverse
en la mer pour ne plus rien entendre.

LE BLEU

Plutôt que franchir le jour :
devenez aveugles !
Là-bas au-devant du désir,
là-bas sur l'immensité
qui largement respire
(ainsi que la mer)
et séduit l'oreille :
en ce bleu tout est leurre,
ce bleu si bleu visage de la mort.

L'ÂTRE

Le rosier sans épines
appelle des pensées soyeuses,
des poussières de bleu.
Et voici l'âtre où flambe l'âme.

Avec le pas feutré de l'archer,
qui pourrait s'en rapprocher sans fracas ?
Le silence doit être pur et profond,
sans ride, sans repli, sans désir.
Alors s'y piégera peut-être
l'unique oiseau blanc.

LA TAUPE

Plus obscure la terre
se bouscule, dévale
au-dessous des nuages.
En ce temps, notre jour,
pourquoi la lumière ?
Naît-t-elle depuis l'herbe,
au fond des vallées ?
Viennent l'averse lente
et la pluie d'abeilles
à travers l'or d'un Giotto
qui transmue la neige.
Ne doit-on malgré tout
poursuivre son chemin
quand creuse la taupe
au sein noir de l'âme ?

LA FLÈCHE

Qui n'a rêvé,
l'espace d'un éclair,
d'illuminer la flèche
que l'esprit dirige ?

Si, du moins, on partait des mots
ainsi que d'une matière pétrie,
d'une argile à reflets.
Si, d'un chant, on atteignait
à la perle que le pinceau
d'une touche concentre.

On brûle d'ouvrir les sons,
qu'on déplierait comme des paysages
aussi vastes que le bleu.
Mais la résonance est intolérable
du noir massif,
du cri pierreux.

Où sommes-nous menés ?
Vers quelle cible ?
Qui ne sent que la mort roule et s'amplifie
au-devant de notre âme lancée
par son puissant désir ?

L'ENVOL

Sous un temps mince
à perdre le langage,
à se survivre
comme des fragments
d'un ocre friable,
nous appellent les signes
d'un haut lieu roman.
Mais il suffirait de peu pour que l'air
ouvre les jours,
de peu pour qu'on s'élance
en oubliant son corps.

LE FUTUR

Immobile,
(sans forcer la lumière :
mon seul pays natal),
je me tiens avec l'arbre,
doucement lié à sa montée.
Que l'air saturé craque
de cristaux qui s'animent !
Et pourtant quel vide alentour !
Le regard des êtres
se perd en quelle éternité ?

L'ESPOIR

Tes espoirs mêmes te sont comptés.
Mais lorsque les caveaux se contractent :
ils ne rendent que les désirs des anges.

Parfois tout redevient clair
comme un rêve d'eau.
Peut-être que le temps s'épuise,
que la mort devient somnambule
et passera tout près sans te voir ?

LES ÂMES

Ici (contre nos vies),
la pensée des arbres
se brise comme une aile.
La terre est si distraite,
et le ciel bien distant.

Mais là-dessous,
dans la profondeur
noire de froidure, dit-on,
nous entrons avec le cœur
gorgé de lumière,
en conviant haut les morts.
Et tous, même épuisés,
nous veillons auprès des racines
qui envoient des ondes.
Ainsi nos âmes bruissent
et nos os s'animent.

LE VERBE

On meurt
ailleurs.

Mais on bute, ici, sur quelles images ?

La mer pourtant est vaste et vive.
Et l'oiseau lisse ses ailes
dans un ciel parfois clair.

Pourquoi l'étouffement ?
(Tant d'effraies nichées
en nos cœurs demeurent inaudibles !)

Pourquoi l'étouffement ?
Ou ce passage par la faille,
cet effritement des lignes ?

Et rien, en nous, du vert et des pousses,
du premier chant après l'éveil ?

MIGRATEURS

I

Le jaune descend
comme un soir ronge les feuilles.
Mais le vert ! le frais ! le noir !

Puis le temps dans les branches,
le vent sourd, la pierre,
les morts parmi les arbres.

Par éclairs, le ciel
travaille ceux qui s'envolent.
Et tout passe ou se rassemble.

IV

Les outardes, ce soir, animent la nuit
(avec quelle hâte !) et passent
noires sous la lune, dans leur lancée,
longue flèche vers le Sud.
Comme elles cacardent par-delà les arbres !
tandis qu'au loin sommeille Cancún
dans sa blancheur si près des pierres.
Mais nous tous, immobiles, gardons le sol,
tournés vers le levant.
Bientôt va bruire le soleil.

LE DÉPART

Tout contre Charlevoix,
le fleuve se perd dans la faïence,
et les frissons gris et les brumes
que ravive la seule montagne.

La barque s'avance avec le noir
comme une pensée dans la laitance.
Alentour les oiseaux tombent
ou s'essorent depuis la pierre.

Nous partons ? Ne faut-il toujours quitter
et l'immense et ses mailles ?
Demain, derrière,
la mer aura son bleu de Delft.

L'espace tourne... arrache les couleurs.
Le vert se dépeuple
où le blanc se forme,
sur les prés sur les pentes
quand l'air du Sud exalte les ailes !

Et nous partons... atteints
par la voix du vent d'ouest.
L'espace tourne... Mais vers quel ailleurs
s'orientent les martinets ?

À DÉCOUVERT
(1979)

LES GÉNÉRAUX

Un espace très noir
depuis l'humain, depuis l'enfer.
Que de béance pour les morts,
d'éclats de viscères,
de lave franche !
Comme le bleu, tout le bleu,
paraît de plomb
pour ceux qui souffrent
à n'en pas mourir !

Et si l'on plantait des arbres
par l'esprit des branches ?
Un ouragan de baobabs
balayant les bêtes et les hommes ?
Quelle opulence terreuse
à ternir les corniches de Dante,
à pétrifier le paradis !

Car ici, là-bas, on rêve !
Camisoles, vivisections,
barres chauffées à blanc
pour femme d'ivoire.

Videla, Brejnev, Pinochet et cie:
ça bâche le ciel!
Comme les perles se vident,
s'avancent le désert sur l'horizon.
On broie les purs et leurs ailes
(nos silencieux brûlants de l'amour),
mais les morts s'échappent.

Voyez-les porter leur âme
avec l'olive, le rameau, la racine.
Encore un peu de temps,
avait-il dit,
et l'oiseau sourira
et blanchira la mer
soulevée par le soleil.

Aujourd'hui,
en nous, par nous,
malheur à ceux qui parlent vifs,
à ceux dont l'être s'ouvre avec l'orient;
à ceux qui ne croient plus à leur ombre,
à ceux qui montent avant leur mort.

L'OMBRE

Le signe de l'absence
aujourd'hui nous frappe
ainsi qu'un ébruitement de l'abondance :
il fait si nuit.
Or nous n'aurons plus d'ombre,
coupée ou démesurante.
L'arbre continuera de s'ouvrir
là-haut en la terre
autant qu'en la lumière.
Mais là où nous serons à l'écart,
encroués sur les morts,
le soleil tendu ne saurait nous atteindre.
Toute chaleur glissera sur la neige,
au-dessus, lointaine et noire.
Fera-t-il si froid sans notre corps ?
En la parole
garderons-nous le fil,
le chemin en soi, au-delà,
le mot vers ce qui va sans ombre ?

LES SUPPLICIÉS

Qui les mure dans leur cri ?
Ne se taisent-ils dans une aire
plus froide que la terre ?
L'angoisse en eux effraie la mort.
Le silence détone.
Aucun chant ne les atteint,
qui se tient à l'ombre des défunts,
contre la pierre des tombes.
La justice s'éloigne par-delà les nuées.

LE PARI

L’âme dans l’abîme,
telle une luciole,
comment tout miser sur l’étincelle,
le pollen dans la tourmente ?
Ils n’ont qu’à souffler
sur les paysages que j’allume.

Dans le temps je descends
ainsi que l’araignée qui n’aurait qu’un fil.
Où suis-je ? quand j’entre dans un tableau,
quand j’atteins une couleur ?

Je vais le long de la plage
en cueillant les mots brunis par la mer,
des agates dans les yeux des femmes,
des sons vivants de l’immense.
Avec quelles fibres, quels souvenirs
j’ai tissé ma folie ?

À l’affût, peut-être, d’un oiseau sans ailes,
d’un soleil sans parole ?

TOMBEAU D'OVIDIU

Enfin ! une ombre bleue
sous terre où nul ne meurt.
Il n'aspirait qu'à la lumière...
Mais le monde lui fut rendu
avec des murs, du métal et des morts.

Quand il descellait dans sa bouche
La Guerre et la Paix,
et que le ciel chavirait comme l'alouette
à la pointe du regard :
le présent se retirait.
Toutes amours blanchissaient le temps.
La geôle rejetait ses geôliers,
la chaîne sa mémoire.
Et les yeux brûlaient
toute la mer depuis le désir.

Que d'infini dans chaque regard,
de paix à odeurs de pré,
de bruissements de blé sur le corps !

Enfin ! il a bu d'un trait sa solitude
et la souffrance entière.
Enfin ! Dieu s'est allongé
doucement près de lui pour l'éveiller
d'un seul et violent éclat de mot.

LES SURVIVANTS

Le trou béant du bleu...
L'âme dense y creuse les morts
avec cet or premier, cette force
d'avant la parole.
Comme on respire,
travaille la lumière.
Que d'énergie, que d'amour
rassemblent les os patients !

Toute femme franchit le miroir
et reçoit l'offrande de sa courbe,
l'esprit de sa rose.
Les corps, nos pauvres corps,
détonnent de fraîche naissance,
sans épouvante, sans ombre,
levant sur le rouge
du temps sans demeure.

Seuls les morts dans l'enclos mort,
toujours plus bas où les barques dérivent
et coulent dans un silence
de bourreaux et de siècles ;
seuls les survivants plus noirs que la mort
écorchent leur plainte et leur pierre.
On n'y mourra jamais
de ne pouvoir mourir.

LES HEURES
(1987)

I

Il était pour nous
comme une demeure
sans limites,
bruissante de rumeurs
rassurantes.
Au moindre vent,
nous nous glissions
sous ses pensées.
Il savait raviver
la rose même
sous les ronces.
Maintenant
que nous avions repéré
ses larmes,
son halètement
aigu
comme un cri,
nous nous sentions
à jamais
délogés
de la montagne.

La condamnation
lui a déchiré
le cerveau.
Quelles paroles
en lui terrifiantes !
Combien de mois ?
Combien de jours ?
Immédiatement,
sans répit,
être jeté en exil
hors de sa vie.
Palper la panique
dévastatrice
dans sa mémoire.
Ne plus devenir.
Ne plus pouvoir
se replier dans l'amnésie.
Sa douleur
éclatait
sous nos yeux.
Des larmes
brûlaient ses armures,
et les replis protégés
de ses ombres.
Les signes annonciateurs
avaient été refoulés.
Une chaleur glaciale
le recouvrait.
Tout commençait
à l'ensabler.

Ses larmes,
lors du foudroiement,
avaient des résonances
jusque dans l'âme
des anges.
Il demeurait
devant nous
frappé de plein fouet
par sa lucidité
dévoilante.
Les jours de mai
seraient incandescents.
Tout allait l'entraîner
dans sa tendance
à l'arrachement.
C'était en lui
la mise à nu
de l'errance.
Il devait
tout désancrer,
soulever le terreau
des images
les plus subtiles
ou les plus infamantes.
L'espérance ne pourrait
éclore
qu'après l'ouverture
promise.

Il n'était pas
sans appui.
Les pensées vers lui
penchées
donnaient des flambées
à son esprit.
Et surtout,
la réalité radieuse
de l'horizon
qui s'avançait.
C'était moins
une dérive
qu'une réponse
à l'appel,
plus puissante, d'ailleurs,
que sa nature rocheuse
ne l'eût laissé croire.
Et pourtant
quel gémir
dans notre enfoncement !
On tirait nos racines.
Au corps fermé,
qui aurait pu substituer
son propre corps ?
Sa solitude imperturbable
avait atteint
une telle concentration
qu'elle éclairait
ses lisières.
De plus en plus vulnérable,
notre présence
s'évanouissait
contre lui.

Son bonheur de jadis
semblait livré
à ses propres corbeaux.
Aucune hirondelle
ne frôlait ses parages.
La nuit, déjà,
avait érigé
une digue inhumaine.
Il était vain
de passer outre.
L'extérieur brutal
aurait déclenché
le déversement du vide.
Plus rien n'était préservé.
Quelques fragments
de son secret
nous étaient parvenus
par intermittence.
Mais il n'y avait plus
d'évasion perceptible,
depuis que son corps
avait consenti
à s'étendre.
L'étoilement,
alentour,
avait cessé.

Aurait-il pu pactiser
avec la furie
du rebelle ?
On l'avait pourtant
proscrit.
Il a dû se sentir
précipité
dans un gouffre.
Il n'a pas eu le temps
de se défier
du langage.
Des mots implacables
l'ont muré.
Par instants
de sourire,
il tentait de se dissimuler
derrière une pensée évanescente.
Il n'osait pas encore
se risquer dans l'étendue
sèche et sans présences.
Il pouvait toujours
se réfugier auprès des fleurs,
ou s'accrocher
aux yeux en larmes
qui veillaient sur lui
comme des lampes.
Mais le joug terrible
était déjà posé
sur son esprit.
À chaque désir
absurde,
il se retirait un peu plus
dans le silence.

Il s'épuisait
à capter le ciel.
Comment ne pas rêver
à la lente dérive
de l'oiseau ?
Mais que la chair
était lourde et sans lueurs !
Même en se liant aux arbres,
aux images anciennes
encore éclairantes...
De longs moments,
c'était la stagnation,
le marais où les mots
en vain se remuaient.
D'autres paysages se formaient
qui le rendaient
de plus en plus étranger
à ses désirs...
Ses pauvres efforts
n'auraient pu réussir
à le tenir hors de l'épaisseur.
Il s'égarait dans l'osseux
et la nuit.
Était-il encore un homme,
lui que son corps expulsait ?

Dans nos bras,
noué et craintif,
il se laissait prendre.
Mais les peurs mâchées,
de pensée en souvenir,
savaient le dissoudre.
La souffrance empêchait
le moindre parcours.
La fenêtre, même fermée,
laissait passer des images
agressives,
des mouvements bruyants.
Tout le rongeait.
Il s'appesantissait à la limite
extrême de son immobilité,
contre le temps,
comme pour mieux se rassurer.
Il payait sa paix durement
pour qu'une seule vague de mer
enfin le noie ou l'aveugle.
Hormis l'immensité,
tout devait être refusé.
L'âme en tourment
ne pouvait supporter
rien d'autre.

Il arrivait
un moment
où l'esprit suffoquait
sous l'opulence
des ténèbres.
Il paniquait
tragiquement,
comme s'il se voyait trahi
par la compassion vive.
L'agissement du fracas,
les terreurs de l'absence
protégeaient surtout
le secret de l'agonie.
L'âme se sentait
sèche, réduite,
telle une mèche éteinte.
En exode, à l'infini
de sa félicité.
Nous-mêmes
ne parvenions plus
à la protéger du froid.
L'animal en nous
était sans défense,
comme rejeté
par la vie et par la mort,
soumis au même
mutisme du sacré.
Il y avait près de nous,
en lui,
l'extase d'une imagination
horrifiante,
l'intimité d'un silence
bientôt infranchissable.

Happé
par l'entre-monde...
Malgré tout des lueurs
n'accompagnaient-elles pas
les heures de la mémoire ?
Il lui avait fallu une assurance
profonde à peine ombrée
pour sembler paisible devant nous.
À certain moment,
tout s'était
effondré.
Rien n'était plus stupéfiant
pour celui qui ne regardait,
depuis longtemps,
que sa souveraineté distante.
Les larmes,
terribles déflagrations,
traçaient en lui
leurs allées sombres,
leurs rangées de cyprès.
Cela le surprenait
à l'orée de sa cime,
très près de l'envol.

Il renvoyait
des sourires inexplicables,
comme s'il s'était réjoui
de ses élans
vers l'absence.
Ses paroles s'enlisaient
entre deux somnolences.
Le temps, le temps,
dans les éclaircies de conscience,
avait des pas de plomb.
Comment échapper,
semblait-il vouloir dire,
aux lenteurs
des nuits dolentes,
à l'encombrement
des voix
dans la chambre ?
Jamais il ne serait
plus solitaire,
même si les distances
se décuplaient
entre lui et les siens.
Quelle agitation insouciante
alentour !
Quand pourrait-il s'arracher
à ces veilles interminables ?
Aux griffes gênantes
et généreuses
de ceux qui voulaient ralentir
son inclination à l'essor ?

Les instants
qui l'atteignaient
n'étaient plus
que de faux prétendants.
Aucun repos
ne s'illuminerait
pour une fête possible.
Tout avait
naturellement
la consistance
des fantômes.
Et surtout, suraigus,
les souvenirs
des temps de bonheur.
Il obéissait à tout,
même au corps
qui dilapidait son unité.
Il ne pouvait
que consentir
à l'opprobre,
à la violence de la vie
qui rompait son pacte.
Mais alors
pourquoi, sous son regard,
la grande forme de l'arbre

Quelquefois
la peine retombait
comme une ondée.
Certains jours
étaient frappés
de paix pesante.
Les intempéries rôdaient
comme des augures.
Tout paraissait fuir
dans une aire pénombreuse.
L'infortune même s'affichait
moins vorace.
On aurait cru le partant
au repos
dans sa barque glissante.
Le moment de la véritable
exécution
n'était pas venu.
Le mal semblait pris
de lassitude.
Mais tant d'amas
peu à peu
se consolidaient,
se préparaient
à fermer le corps.
Le temps vrai
était échu.

On pouvait
le contourner
comme sa propre épave
prochaine.
Ou mieux,
nous assigner
les consolations.
Mais qui savait
le code de la débâcle ?
Lui-même
ne se pliait-il pas
à ficeler les faux
espoirs
des yeux,
des voix
qui le creusaient davantage ?
Presque dédoublé,
ne s'abandonnait-il
aux brèches
du corps
qui s'était cru
immortel ?
Tout était chagrin,
en désordre,
et panique.
Tout était mensonge.
On jouait à ne rien savoir.
Comme si ses jours
n'étaient pas
noircis d'absences.
On dissimulait les signes,
soupesait son temps.

En somme,
chacun de nous,
avec son être disjoint,
et mal initié à l'obscur,
au dédale,
se préparait
à lui voler
sa mort.

Il trébuchait
dans sa propre immensité.
Passaient des chimères...
Insaisissables
étaient les roses.
Des oiseaux noirs
chutaient au sein
de ses pensées.
Il lui fallait bannir
le monde même
pour se rassembler quelque peu.
C'était l'expansion
déréglée, brutale
de tout ce qui l'avait
d'abord formé.
La fragmentation des miroirs
et l'extinction
des lointains les plus solaires.
Par instants il s'absentait
si loin,
que nous perdions,
nos souvenirs les plus vifs.

Voici
que l'égarement
en son nœud très dense
brouillait sans répit
les données des sens.
L'inexplicable
progressait comme un programme
et le rejetait au profond
de la somnolence.
Le souffle ardu
mangeait le corps.
Amaigri, discret,
comme un mot inutile.
Les ombres se tassaient
dans les moindres replis.
Il tenait parfois
le regard assez haut
pour rêver de géraniums.
Puis tout s'embarrassait,
comme une harde
de désirs
se prend dans ses liens.
Il n'espérait plus
qu'un sommeil lentement
clair et interminable.

II

Depuis peu,
il se taisait,
comme un être
de connivence avec les âmes.
Derrière son apparence,
il y avait des largesses
de patience,
et la tension
du consentement.
Pourquoi,
malgré son souffle obscur,
n'aurait-il déployé
les puissances de l'esprit
qui a brûlé ses ombres ?
L'amplitude de l'alliance
devait finir par transmuer
le corps même.
Il semblait parfois
suspendu auprès de nous,
déjà initié
à l'élévation.

Il donnait
la patience
du nuage immobile,
la nuit d'un aveugle
dont on n'entend plus la lyre.
Les refuges
les plus souterrains,
les nids les plus hauts
repoussaient une pensée
à vie de plus en plus lente.
Il avait la souffrance
de l'esprit noir
qui nulle part
ne peut se refléter.
Progressait
la calcination entière
de tout ce qui l'avait fait
mortel.
Seul, quelque part en lui,
s'intensifiait le bleu
pour la vraie mutation.
Avec la clarté
de ce qui demeure.

III

Sans bruit
il s'était renversé
dans la nuit des temps.
Tout paraissait clair.
Comme si l'esprit
avait quitté l'arche
unique au-dessus du monde.
D'une parole
la mort l'avait
désencagé
de ses entrailles,
de sa souffrance
obstinément
entassée.
Le temps était enfin
rentré dans son cercle.
Mais l'air, pour autant,
n'était point pourpre.
Nuls scintillements
ne marquaient son parcours.
Et pourtant le silence
dans la chambre
avait une fermeté lumineuse.

Nous allions, venions,
alentour, envoûtés,
comme des étrangers
à l'abandon.

IV

Si le visage scellé
un seul instant
avait dégagé l'esprit ?
Peut-être aurions-nous
croisé ses pensées
avec des flammes.
Ou lui aurions-nous offert,
sous ses yeux,
un long instant de mer...
« Tu ne dois pas partir. »
Or tout restait muet
avec une pesanteur de marbre.
Le printemps se frappait
en vain aux pupilles.
Une peau blanchâtre
suintait
de terreur.

À ses confins mêmes,
il offrait l'aplomb
d'un silence établi
en son sommet.
Cette démesure,
après le souffle,
était prodigue de signes
et de peurs.
Une enceinte nouvelle,
infranchissable,
l'avait soudain retranché
de notre veille.
Il y avait tout autour
comme l'embrasement
d'un vide
qui voulait s'éterniser.
L'effleurer même
était une profanation.
Le moindre éclat
sur lui
émanait de si loin...
qu'il avait l'insoutenable
du mirage.
Et la détresse en nous
grinçait avec des appels
d'ouverture.
Tout nous disloquait.

Son être déjà
se rassemblait
sur l'autre rive.
Ici le corps
avait cessé d'attendre
et d'offrir.
Il ne gardait pour nous
que l'intimité vaine
du miroir,
ou la béance d'un paysage
défait, noirci
après l'extase solaire.
Même son lieu
apparent
n'était plus un refuge.
Le corps avait aboli
sa magie.
En lui,
rien ne consentait
à l'imaginaire.
Tout nous pressait d'accepter
l'entière discordance.
Et l'arrière-pensée
d'un passage
qui ne s'ouvrait encore
que pour lui seul.

La mer pour la présence,
la mer pour le regard,
la mer pour le soleil.
Mais la mort
est une musique plus vaste
avec plus d'infini en elle...
Nos plaintes ne renforçaient
aucune plénitude.
Quelle approche aride
auprès de lui !
Elles restaient mendiantes
sous la solitude
de celui qui montait au large.
Ou parmi les ossements du monde.
La nuit se concentrait
inépuisable.
Nous avions des espoirs,
malgré tout,
haut blottis sur des remparts
inaccessibles.
Nos cœurs tournoyaient
en se jetant vers lui
comme des phénix aveugles.
Son silence seul,
souverain,
l'abritait de nous-mêmes.

Gisant de silence,
il échappait à la roue
des peurs anciennes.
Ou plutôt n'était-il pas
lui-même une pierre allongée,
une île au-dessus de la nuit ?
Le visage se laissait
accomplir.
Il avait perdu l'âge.
Il en fallait si peu,
maintenant,
pour que ses oiseaux
l'emportent...
Un simple lever d'astre
au sommet de la chambre...
Il n'attendait rien d'autre
pour se dresser
en sa lumière
et nous quitter.

Pour la seule occasion,
dans son apparence,
il avait pris la mesure
du néant.
Plus rien ne se gravait.
Il semblait annulé
jusque dans la nuit
de sa substance.
Tous ses signes vifs
avaient été effacés.
Il partait
en fermant l'avenir
de sa forme.
Un vide grandissait
au sein du sens.

Les alarmes
d'une vie
subitement sonnaient.
Le corps tu,
et tristement
(furieusement) ramassé,
faisait notre pensée.
Nos cœurs, encore,
étaient poursuivis
par les ombres.
L'esprit, en nous,
n'était plus qu'une taupière
affaissée.
L'enfance, c'était à l'infini.
L'avenir était scellé.
Entre les deux,
une conscience renversée,
comme foudroyée
par la puissance
de son propre chaos.

Nous avons manqué
de vide
et d'attention muette.
Dans notre présence,
auprès de lui,
s'étaient élancées
trop de vibrations bruyantes.
Et pendant ce temps,
la mort le déracinait
froidement sous nos sens.
L'éloquence des sentiments
aurait dû se réduire
à l'oscillation
d'une flamme.
Des bâillements
en pleine vigile
marquaient nos tentatives
de fuite.
On aurait voulu glisser
entre les mailles
d'une mort
qui nous piégeait.
L'âme encore avide,
liée au corps,
se défie de l'âme
qui convie
son espace natal.

La poussière du soleil,
auprès de lui,
tempérait sa mort.
Il semblait caressé
une dernière fois
par la beauté du monde.
Le niveau de silence
montait d'autant.
Surtout après l'exaspération
des stridences
et des alarmes.
Nous étions mûrs
pour un dernier échange.
Chacun bien resserré
autour de son propre souffle.
Nous étions
de quelque façon
subitement résumés.
Nos ombres
n'iraient pas plus loin.
Il n'y avait aucun geste
possible.
Toutes les avenues
ne se déroulaient plus
que vers nous.
Son absence commençait
à nous rejoindre.
Nous devenions plus légers,
comme s'il nous avait entraînés
un court chemin avec lui.

Lentement
il glissait
des lumières
indélébiles.
C'était convoquer
la radiance,
se livrer
à l'ondoiement lointain
des chants.
Il avait commencé
à pérégriner
dans la spirale
sans fin
qu'empruntent les anges.
Il tentait l'escalade
au-devant des appels.
Il s'orientait,
âme entière,
vers l'adoration.
Mais nous étions
fort en deçà
de l'esprit volatile.
Avec des espoirs épuisés,
lovés comme un fœtus
dans nos cavités
cendreuses.
Et par instants
tout s'apaisait.
Comme s'il avait demandé
un répit de miséricorde,
un retour vers les siens,
une couvaison

de salamandre
brûlante
de nos âmes.

C'était moins
la malveillance
qui poussait la mort,
qu'une œuvre spirituelle.
La chair n'entendait
plus sa forme.
Elle se confondait déjà
avec la poussière
du monde.
C'était moins le vide
qu'un tourbillon
intérieur
qui dissolvait
sa cohérence.
Tout ce qui s'était révélé
de la seule ordonnance du corps.
L'esprit, en lui,
planait à proche distance.
Il défendait
ce qui résistait
à l'apparence.
Mais il n'offrait pas
de lumière
suffisamment radieuse
pour repousser la frayeur.
La nuit agissante
faisait partie
de l'expérience nouvelle

Malgré la lumière
conduisant vers lui,
ainsi que le cours
d'une allée déserte,
il restait établi
dans son sommeil,
ombre crue,
alourdie sous une coupole.
Midi et ses puissances
ne le dresseraient pas.
Il entrait,
selon la promesse,
dans la plénitude formée
pour son être.
Enfin,
pour la première fois,
elle serait menée
à son alliance infinie.
Le pendule
n'était en arrêt
que pour nous,
troublés,
douloureux,
et non sans arrière-pensées
discordantes.
Qui ne serait demeuré
en suspens
sur l'éperon inviolable
de sa paix naissante ?

Il entrait
dans la solennité
du dépouillement
extrême,
de l'alchimie
culminante.
Et nous étions
conviés,
maintenus éveillés
auprès du passage.
Il ne nous avait
pas délaissés.
Il était parti
nimbé
d'un nom
que l'éphémère
ne pourrait plus
menacer.
Il se taisait
si royalement
qu'il semblait
nourri
par le seul silence.
La direction
pour nous
était un peu mieux
visible.
L'abîme
restait béant.
En nos âmes,
loin du seul événement,
tout luttait

contre la somnolence
et l'illusion
des ombres vives.

Son départ
lui assurait
une croissance inspirée.
Depuis le silence
il s'infléchissait
vers l'Unique.
Il accédait
au déploiement
comme un poème
d'essence lumineuse.
Il avait inauguré
son réveil
tandis que nous restions
paralysés,
hypnotisés,
par le seul mal
du corps rejeté.
C'était pour lui,
là-haut,
l'irruption fulgurante.
Et nous plongions
avec émoi,
avec dérèglement
dans notre immobilité
informe.
Notre conscience
s'évertuait
à l'entourer d'attentions
impuissantes.
Nous avions cependant
commencé
à nous reconnaître.

À peine rejoints
par l'énergie
qui l'avait vivifié.

Il avait franchi
l'intemporel,
et pourtant,
nous effleurions sa figure.
Il gardait encore
l'image atténuée
de lui-même.
Mais sans les remous
qui l'animaient naguère.
Il se taisait comme l'arbre
qui a perdu le vif
de ses feuilles,
qui ne baigne plus
dans le bleu du temps.
Ce n'était pas la fin.
C'était une vacuité
couverte de signes.

Sa dépouille
méconnaissable
avait subi le rite
de la convenance,
la grandiloquence
de l'immobile.
Mais ce n'était pas encore
le vide,
même si son visage
se murait
sous une membrane
de plus en plus étrangère.
Nous lui adressions
des pensées,
chacun depuis
sa solitude.
Nous le parcourions
sans cesse
du regard.
Quelle planète étrange
il était devenu !
Nous résistions mal
à sa fascination.
L'important
était de tenir,
fidèle à son silence.
L'absence totale
viendrait bien
assez tôt.

V

Nous restions
adossés au délaissement.
Tout s'était tu.
Même le phénix
du matin.
Nous allions muets,
comme enfouis
sous le temps.
Notre ombre
s'allongeait
sur la pierre.
Qui cautionnerait
nos jours ?
Le mort, le mort,
nous survolait
comme un aigle.
Son vol bleu
traçait déjà
son exhaussement.
Il ne pourrait plus
s'égarer.

Sera-ce notre jour
d’émerger enfin
des écailles ?
Là-bas, la fraîcheur
vierge
veille
sur les fontaines.
Ici, Lazare
hante le désir.
Reprendrons-nous pied
au sommet,
là où nos morts
ont débroussaillé
la crête ?
Quand recevrons-nous
le nombre mûr
pour la moisson ?
Nous persistons,
depuis leur absence,
comme une touffe de fumée
au-dessus des souvenirs.
Nous sommes lézardés
de visions lancinantes.
Vienne l’âge
favorable
à l’oubli.

Pour un temps
invisible
notre cœur
continuera de grelotter.
La longue fatigue
glaciale
sur les épaules
nous lestera
davantage.
Il s'agit de ne pas
dépérir
dans l'attente
de la faveur.
De ne rien simuler,
surtout pas
des vœux tièdes
sur nos ombres.
Nous sommes figés,
comme des enfants
par leurs frayeurs.
Mais nous retrouverons
nos morts.
Nous les reconnaîtrons
à leurs voix lumineuses.
Ardents,
ils nous couvriront
durant l'affaissement
du monde.

Nous ne pouvons
plus reculer.
La vie nous tient
jusqu'au silence.
Le périple commence
toujours par l'abîme.
Par la révélation
du vide,
la chute entière
dans la solitude.
C'est à cette vitesse
ténébreuse
que nous consumons
les désirs.
Que nous trouvons
l'espace
qui a la vastitude
lumineuse
de la démesure parfaite.
Là seulement
les morts nous aideront
à naître.
Enfin
nous serons coupés
des divagations,
des miroirs,
des échéances suffocantes.

AU DELÀ DU PASSAGE
(1982, 1990, 1997)

LA SOIF

À Sergio Zoppi.

La lueur du monde,
ce jour-là,
a nourri la nudité des femmes.
Et le printemps.
Et le lilas de douceur.

Mais tout apprend à s'éteindre.
La mort même
transforme les images
lumineuses, irréelles,
comme des glaces qui nous séparent.

Et pourtant,
j'ai connu jadis la beauté
qui monte en soi
du cœur au regard.
C'était un soir d'été,
saturé d'herbe et de flamme blanche,
le matin m'avait surpris
en éveillant sa déesse auprès de moi.
La vie avait pris alors
la voie dure combien pure
de l'éclat.

La soif, depuis,
ne m'a plus quitté.

MA TRISTESSE

À Marielle et Richard.

Ma tristesse s'abandonne
à la mer, comme une barque
revient de la mort,
bellement nue
après le voyage.
Comment me soustraire à l'infini
qui me tient aux confins
des ténèbres ?
Je tourne parfois sans fin,
comme oublié,
dans le silence de la saison froide.
Tout dérive avec le sang :
le cœur surtout plus noir qu'un poison.
Et je m'étonne d'avoir rêvé,
si près des arbres,
ébloui contre l'amante.
Certes la voix parlait bas,
mais pour mieux pointer sa dague.
Ou chantait désespérément
en brûlant les pierres.
La nuit et la lumière
confondaient leurs pouvoirs.

« INTELLIGENCE D'AMOUR »

À Edison Simons.

Dans sa furie
secrète, étoilée,
si peu m'encombre
le corps des racines.
J'avance par-devers l'oiseau…
Et pourtant ne suis-je qu'un mort naissant,
encore tenu par le bleu ?
Le soleil me vêt de sa grenaille.
Ici et là surgissent
des griffons parmi force paroles.
Or je vais immobile,
et dans quelle spirale ?

L'EFFROI

La lumière plus forte
déracine des arbres plus irréels,
dénude nos demeures.
Et nous prions
comme si les cris, les heures,
alentour, en pâture,
ne savaient tout offrir ;
comme si, désormais,
le regard de l'ange
ne pouvait couvrir l'effroi.

UN SILENCE

Surabondante, secrète,
la clarté en nous affleure
comme un sursis,
comme une fin de jour
déteint sur la paix des arbres.
Au-devant de l'ombreux,
nous sommes happés sur la pointe
extrême où le vertige nous vise,
loin d'où le cœur s'essore.
Tout nous assiège,
tout nous éteint.
Il suffirait que s'avance
le sentier,
ou que vers nous s'oriente
l'unique colombe.

LIMITES

À Alice et Marcel Pratte.

Quitter les confins
où l'esprit veille
et tremble, lorsque
le soleil ratisse la limite.
Ici et là,
comme une fresque de ciel
piquée de traits noirs,
tant d'oiseaux vers l'arbre
reviennent,
atteints de vertige
ou de pesanteur.
La seule pensée de l'aile
oscille entre la brûlure
et la plainte.

DÉTRESSE

Tout ce qui m'habite
est inhabitable :
la tourterelle en détresse,
le grillon du soir,
les morts qui ont tout brûlé.
S'en vont, ceux qui adviennent,
dans quel arroi d'ange ?

SABLIER

À Georges Leroux.

Un moment de grand soleil,
sonnant comme des cymbales,
parlant d'accalmie :
la mort attaque
avec des nuances éparses,
de petits élancements, des ombres
arides, des brûlures minuscules
sur la paupière :
menace mate,
vertiges,
au-dessus d'une lumière
qui cherche l'œil.

Des ailes se brisent dans les profondeurs.

Le corps se concentre
sur l'abattement prochain,
la rumeur ouverte,
la détonation inaudible.
L'âme s'empêtre dans ses signes
et dans ses cendres.

Petite misère du temps,
pensée opaque,
qui prétend claironner,
comme un désastre,
un commencement de feu
et de glace.

LA VOIE

À Marie-Andrée Lamontagne.

Il se croit vif,
parce qu'il glisse à grands yeux
entre les morts ; ou rêve
que les arbres respirent,
qu'il fait bleu au fond du désir.
Il aurait dû démêler ses mots
parmi les fils noirs qui relient
ses pensées à ses pas...
Il parcourt le labyrinthe,
comme on traverse une saison
où plus rien n'est reconnaissable.
Malgré tout léger, ouvert,
il se brûle souvent
au silence des êtres.
Ce monde lui refuse tout signe :
même l'issue tremblotante
d'une lueur,
la courbe d'une colline,
le temps d'une voie inachevable.

OPÉRA

À Lisette.

La détresse, aujourd'hui, veut advenir
en plein midi... Avec des airs de diva...
On se trompe de jour...

À l'appel de ma mort,
grandement ouvert au soleil,
j'irai d'abord derrière les ombres,
(comme on se glisse derrière la scène),
pour me retrouver seul, encore vivant,
mais sans voix ni regard.

Avant de partir,
je franchirai une dernière fois la lumière
avec ma ténèbre faite sur mesure,
ainsi qu'on traverse un col de montagne.

Puis, tout vivement, une cime blanche
va me nourrir comme un sein,
avec des chants clairs de la Bible.
Je tiendrai *mon âme*
égale et silencieuse;
mon âme en moi comme un enfant,
comme un petit enfant contre sa mère.

Alors je poserai ma mort
sur l'épaule,
avec des mains délicates,
comme on approche de soi un enfant qui dort.
Et je disparaîtrai dans le silence,
sourd aux murmures du monde,
aux éclats d'oiseaux, aux paroles des proches,
qui parfois s'élancent,
ici et là le long du passage.

L'ATTENTE

Longtemps avant l'accueil,
les cimetières nous visitent.
(Les lieux, les pierres imprègnent l'esprit
avant que notre chair les nourrisse.)
Parfois des cyprès se dressent en nous,
comme des élans vifs de mémoire,
pour mieux oublier
que la terre noire est dévorante,
humide, et n'entend plus les ailes.
Qui n'a rompu le contact
avec les feuilles, la neige,
et les voix cristallines
qui tintent d'un arbre à l'autre ?
Mai, le troubadour,
a perdu son nom et ses alouettes.
Tout se confond
avec novembre et son bâillement.
Lointains, nous dormons transis
sous des ombres,
illuminés parfois par des lueurs
qui nous éveillent,
par des musiques que nul ne peut saisir,
en serrant l'esprit,
s'il n'est d'abord capté.

PSAUME

Sous une douleur de plomb,
trébuchent les paroles
parmi nos décombres.
Hier, pourtant,
la langue éveillée
était profuse.
Aujourd'hui, loin de Toi,
nous stagnons en désarroi total.
Toi, le Fidèle,
qui détournes le regard,
ou nous enserres dans le silence...
Nos âmes cherchent Ton souffle.
Vois ! la mort abonde,
comme un feu froid,
comme un champ désert.
L'ailleurs lumineux s'éteint,
vidé de son or et de ses anges.

NUIT

Je suis perdu
parmi mes figures...
Laquelle se détourne de Toi,
laquelle se tourne vers le souffle
en moi de Toi
si aimant
si fortement vif
dans sa plénitude ?
Je n'entends plus
la poussée proche
de Ta lumière.
Mon silence
vers Ton silence
n'arrive plus à se tendre.
Rien en moi ne sait se taire.

DEPUIS LA MUSIQUE

II

Nulle trêve pour qui ne veille.

Noirci par l'ombre d'Eurydice,
en vain se dresse
le sacré de l'offrande.
Tu sei morta, mia vita, ed io respiro ?

Ainsi que l'arbre penche
vers l'abîme de l'Ouest,
Orphée se tend vers l'autre rive,
plus désirant que la mort.

Soleil d'hier, tout couple
rejoint parfois sa pierre.

Plus rien ne parle alors,
pour qui ne rêve.
Nulle marée ne le berce,
de la mer et de l'âme.

IV

Par quelles corniches de silence
nous faut-il gravir l'espace,
quand le piano nappe la mort
de pur laitage ?

L'oreille aime capter la fougère,
les paumes parlent du vert des pinèdes.
Quelle merveille que le regard,
quand il règne sur l'abîme !
Aussitôt les dieux adviennent,
éclatants de rayons noirs.

Oursin délaissé sur la plage,
le chant n'a plus de chiffre.
Mais la mer assiège l'énigme.
Le diamant brûle ses ombres.

V

L'espace d'un arbre :
et nos yeux s'emmêlent.

Toute musique, bouquet d'aulne et de bleu,
se déploie sous la poussée
d'une vieille pourriture.

Mais rien ne fume au mitan de la mer.
Le désir encor là-bas résonne.

Allons parmi les morts,
ruisselants de rosée,
broutons, tels des agneaux,
les éclats de l'obscur.

IX

À Claude Lévesque.

Le cœur a perdu son fil...
Comme il vacille
si la mer le dénude.
Aussi il va, mû de mal cru,
il avance malmené par les accords.
Subitement tout se pose.
L'air abonde.
Comme le pain de l'amour,
ou la crue de Dieu.

LE SON DE SCHUBERT

À Charles-Antoine Fréchette.

Par quelle piste
pose-t-il la question ?
Aussitôt l'âme s'insurge
ou s'écorche dans ses remous.
Par quelle empreinte,
quelle touche de couchant,
quelle trace de froid ?

La question veille, perce la nuit,
passe dans les cuivres et les crevasses.
Or tout repose...
Comment la lueur, le lait
peuvent-ils sonner si noir ?

Le chant cherche sa pierre,
que tisonne le délire.
Mais à travers quels dédales ?

L'ARBRE DE BACH

II

À Susy Turcotte.

Des brassées d'agreste,
de l'ocre en pleine âme,
avec un vent lourd d'accords,
de voix et de cordes.
Quelle nudité d'automne
quand la mort rôde !
Chair de septembre doux,
pulpe du chant, vendanges…
Que s'achève la fusion !
La blancheur déjà s'égaille,
et soulève le visible.

MIROIR
DE LA PEINTURE
(1990)

À VERMEER

Femme laiteuse,
peau de ciel
avec des ombres mauves
et l'immensité du safran :
je suis plus noir
de ne pouvoir te peindre.
On m'a ravi le désir
dans l'or vif de l'âme.

SIMONETTA DE PIERO DI COSIMO

À Richard Salesses.

La pierre pensive enserre
la femme au collier menaçant,
vipère vive si près de l'ivoire.
La nuée s'épand,
le soleil palpite
à l'odeur, à la mort secrète.

Sans le parfum de l'Orient possible,
le nu du front et du buste,
étrangement allumé par l'ange
depuis la chevelure,
s'éteindrait le versant du regard.

L'union sera noire
si la lumière se brouille…
Qui se souviendra, après la nuit,
qu'un tel être
(pensée, beauté ascendantes),
en tel lieu, en tel refuge,
aspirait tout l'horizon ?

GLACES

Le champ bouge
car l'eau est longue de glaces.
Un mur d'hiver s'écoule
loin des nymphes et des pétales.
Mais il suffit de fermer le miroir
(me souffle Corot),
de piquer ça et là des paroles
ou des coquelicots.

ÉVEILS (1982)

II

Tu n'en reviens de l'ombre,
pierre au pied de la dame.
Le froid ne l'a-t-il dévêtue
du drap de sa lumière ?
Est-ce la dame, est-ce la mer,
en bas qui se propose
et longe le repos des morts ?

III

Les jours, mes blessures.

Si bleuit l'ivoire
ne danse la dame,
ni ne tinte la feuille
dans le temps du ramage.

Le vide même et le ciel
s'ouvrent à l'orée de l'âme.

VI

Lampe dans la tour,
la dame s'illumine.

Loin du val et des éclats d'oiseau,
s'attisent les désirs de l'âtre.

La pénombre, plus lourde,
glisse dans l'ambre.

EN LISANT L'AUTOMNE
(1995)

ABANDON

Que veillez-vous,
présences qui nous assiégez ?
Un monde dévêtu,
une lumière veuve,
impose un temps qui ravive
la tristesse ancienne,
quand le ciel était désert.
La terre n'entend plus
l'harmonie des ailes.
Les torrents mêmes se déversent
très loin du souvenir.
Et, par les sureaux,
passent les bruants secrets.
Les fruits noirs endeuillent
des soleils vifs, des yeux
brutalement seuls
après le départ des oies :
qui savaient si bien dessiner le sacré.
Où sommes-nous ?
quand, aux extrêmes d'une âme,
muette et tendue comme l'os,
nous naviguons en aveugles.
Déjà tout se couvre
de suie lumineuse.

UN BEAU CHÂTEAU

À Daniel.

Le geai bleu bruyant
s'approprie la branche,
et salue, d'un éclat de ciel,
l'ombreux de l'arbre.
À l'instant tout s'ensoleille
dans l'œil, et puis s'assombrit.
Prend fin la vigile. Tout vacille.
L'oreille, toujours attentive,
entend le monde se défaire
quand passent d'autres oiseaux,
plus haut au-dessus de l'esprit en deuil.
Commencent les jours
d'offrandes et de sacrifices,
dans une âme bleuie par l'absence,
par les étreintes du souffle glacial.
Tout près :
tant de chuchotements d'une mort,
qui paraît soudain blanche,
pour ceux qui, patiemment,
ont bu les ténèbres.
Mais qu'importent le silence
et le tremblement,
si Laurence chante :
« J'ai un beau château. »

CÉLÉBRATION

En de pareils jours,
au ras de la vie,
on quête des lumières
à travers le sang des prunus.
Un cœur, tout en replis comme une écorce,
s'imprègne de tristesses,
d'ombres montantes,
mais aussi de regards qui chatoient,
de couleurs ocreuses
ou de reflets d'ailes.
Si nous n'entendions le tintement
clair, perlé de l'immémorial,
même en nous,
les oiseaux fuiraient
des pensées que l'absence obscurcit.
Or la mer vient,
comme une large lessive,
vient avec son mouvement
de mouettes et de remous bleus
soufflés par l'ange.
L'esprit chemine,
en évitant de familiers désastres

PASSAGE

Le merle bleu trace des sentes,
des éclats, puis nous délaisse
sous la poussée du Nord.
Tout descend pour macérer nos âmes.
Frayeurs sous les feuilles
et sous les couleurs :
l'azur, les arbres ne besognent plus
qu'à nous brunir,
à nous ensevelir avec splendeur,
aussi muettement, croient-ils,
que le permet le son de la mort.
Et, à chaque tourbillon, des ocres
accentuent de faux débordements festifs :
tout se soumet, tout se ferme.
Tout redoute, en nous,
la tâche du froid, tout se cramponne,
qui se nourrissait des parfums,
de la lumière et de la plénitude.
Le monde avance, dans sa mutité,
s'éclaire parfois en offrant
des souvenirs de soleils
qu'engrange l'été.

LES ANNÉES

Un matin froid s'oppose
au soleil et l'enserre.
Les migrateurs désertent,
à grands cris sur nos têtes.
Nous trépignons de vide,
comme refusés par l'espace.
Un vent mat s'affûte sur nos yeux.
Ainsi les durs accords,
presque oubliés,
les mots douloureux inventent-ils
leur bûcher de flammes.
Il faut bien empenner
le mal de tout ce qui tend
à la flamme blanche.
Parfois nos anges filtrent
les désirs de ce qui meurt.
Chacun forme une aire de ciel,
une rosace
comme Fra Angelico la composait.
L'Est paraît un moulin sombre
qui broie l'élan des lumières.
Savons-nous forcer le mur du monde ?
Ou sceller les urnes des années brûlées ?

PRÉSENCE

Puissante la lumière mange
l'air du proche horizon,
anime l'érable comme un vitrail
bien nuancé de vert.
L'œil s'exalte, quand
s'accroît l'illumination de ce qui respire.
(La terre est pourtant profonde,
pour les morts
délaissés dans leur croissance.)
Ce matin, pareil à une masse,
rampait le soleil affaibli des jours désolés,
comme s'il buvait un peu à la vasque
du monde :
vaine magnificence, sursaut de célébration,
avant la roue des saisons,
et le silence au ras du sol.

LE TEMPLE

Le soleil n'exulte
qu'en pensant le clair,
ou touche, comme un lavis d'or,
la rivière et les corps fléchés des peupliers.
Mais tout ce qui vient de l'Ouest
advient gris, s'oppose à la transparence,
ou ne rassemble que les cendres
de ce bleu qu'ont perdu les regards.
Nos âmes vieillies
couvent leur phénix avec peine.
Une flamme, en elles, veille le jour total,
imprégné de tous les sons,
de tous les pétales,
de tous les oiseaux.
Avec la rivière,
et un peu de feuillage
qui dévisage la désolation,
doucement tout s'apaise,
et en nous bleuit la grande nef.

DÉNUDATION

À Rodrigue.

Le févier se ferme
sur sa verdure,
alors qu'autour les érables
se vident, ou se proposent
en débris de vieil or.
On dirait une fable vive
qui se découd, ou ne parvient plus
à retenir les oiseaux de passage.
L'écureuil besogne en narguant le chat,
et cache son futur sous l'ocreux.
Les canards se confondent
avec l'ombre des berges.
Novembre, qui pourtant ne sait
se conformer aux hommes,
s'apprête sans ailes, sans lumière,
à franchir le seuil des âmes.
Il n'y a point de dénudation
plus râpeuse
contre le désir.
La vie se consume
avec les flammes des arbres.

HOMMAGE
À ROBERT MARTEAU

Le soleil, ce matin,
semblait pris en deçà du monde,
enclos comme Orphée
dans la mort.
Étouffement de toute lueur,
du lever solennel
devers la rivière.
La neige tombait noire
comme une poussière.
Et je songeais à Ville d'Avray,
revoyais l'étang couronné
de foulques et blancs nénuphars :
tout m'éloignait de novembre.
Corot, le peintre,
artisan des vapeurs,
et Marteau, le poète,
mage parmi les feuillages,
passaient au-delà de l'eau,
dans l'argent des lumières.
La terre froide et mûre
sur mes épaules
se posait si légère !
J'étais ailleurs,
là où l'été se lève en nous.

AUTOUR DU TEMPS
(1997)

LILAS

Le soir, quelquefois,
pour mieux nous blesser,
choisit ses mots les plus clairs,
ou ses teintes les plus lentes,
ses souvenirs de lilas.
L'angoisse se forme,
nue dans sa page blanche,
affolée comme l'âme piégée
par le bruit soudain des heures.
Et puis tout retourne à la nuit tiède,
le temps se resserre,
s'éteint la stridence.

TOUT SE RAVIVE

Trop d'offrandes, malgré tout,
survivent comme des oiseaux de glaise
au sein de l'éclat.
Tout veut s'arrimer au noyau
qui nous unifie :
oublis, effrois,
et bleus scintillements...
L'éphémère advient,
mais reste en suspens
jusqu'à la fin de son ombre.
Tout se ravive en désir,
tout se raccorde à l'éternel.

APPELS

Tant trébuche le regard
au-devant de nous.
Tout se plie, tout résonne
d'effroi, tout décharne les pensées
dans nos parages.
La blancheur brûle.
L'œil cherche l'hirondelle,
l'oreille s'embrase
du feu des criquets.

Tant se défend l'être contre la mort,
et attend, patient,
que l'envers se déploie
ou se transmue en lumière.
La soif de l'Unique,
parfois se confond
avec la soif de l'océan.
Le silence, lisse et souverain,
tinte encor de douleurs
et d'appels de l'esprit.

L'ESCALADE

À mes petits-enfants.

La lame soudaine,
l'humeur de la mer,
nous esbroufe en moulant
toute lumière. L'apparence
de fin cristal.
Le lin blanc de la Bible.

Ce qui saccage
jamais ne vient par le bleu,
ni par l'horizon volatil,
le remous des oiseaux morts.

L'originel ne cesse
de chavirer.
Les lumineux,
flammes de l'âme,
s'éloignent des affres,
escaladent l'abîme, la gloire
du parfait Amour.

TABLE

LE SOLEIL SOUS LA MORT

DANS LE SOMBRE

EN LA NUIT, LA MER

À DÉCOUVERT

LES HEURES

I

II

III

IV

Du même auteur

Ces anges de sang, *poésie*, Montréal, L'Hexagone, 1955.

Séquences de l'aile, *poésie*, avec une sérigraphie originale d'André Jasmin, Montréal, L'Hexagone, 1958.

Visages d'Edgard Varèse, *essais*, sous la direction de F.O., Montréal, L'Hexagone, 1960.

Le Soleil sous la mort, *poésie*, Montréal, L'Hexagone, 1965 ; Le Soleil sous la mort, précédé de Séquences de l'Aile et Radiographies, Montréal, Éditions Typo, 1995.

Edgard Varèse, *biographie*, Paris, Seghers, 1966 ; Paris, Christian Bourgois, 1989.

Dans le sombre, *poésie*, Montréal, L'Hexagone, 1967.

Les Actes retrouvés, *essais*, Montréal, HMH, 1970.

Poésie (1953-1971), *poésie*, Montréal, L'Hexagone, 1972.

Depuis Novalis, errance et gloses, *essai*, Montréal, HMH, 1973 ; (nouvelle édition), Saint-Hippolyte, Le Noroît, coll. « Chemins de traverse », 1999.

Journal dénoué, *autobiographie*, Montréal, Les Presses de l'Université de Montréal, 1974 ; Montréal, L'Hexagone, coll. « Typo », 1988.

Errances, *poésie*, avec des sérigraphies de Fernand Toupin, Montréal, Éditions Bourguignon +, 1975.

Ici, ailleurs, la lumière, *poésie*, Montréal, L'Hexagone, 1977.

Tu regardais intensément Geneviève, *roman*, Montréal, Les Quinze, 1978 ; Montréal, L'Hexagone, coll. « Typo », 1990.

Écrire en notre temps, *essai*, Montréal, HMH, 1979.

À découvert, *poésie*, avec une gravure originale et deux dessins de Gérard Tremblay, Québec, Éditions Parallèles, 1979.

La Mort vive, *roman*, Montréal, Les Quinze, 1980 ; Montréal, L'Hexagone, coll. « Typo », 1992.

En la nuit, la mer (1972-1980), *poésie*, Montréal, L'Hexagone, 1981.

Éveils, *poésie*, avec neuf lithographies de Léon Bellefleur, Montréal, L'Obsidienne, 1982.

Lucie ou un midi en novembre, *roman*, Montréal, Boréal, 1985.

Nella Notte, Il Mare et altre poesie, *poésie*, trad. Antonella Emina Martinetto, Rome, Bulzoni Editore, 1986.

Les Heures, *poésie*, Montréal/Seyssel, L'Hexagone/Champ Vallon, 1987 ; Montréal, L'Hexagone, coll. « Typo », 1988.

Ouvertures, *essais*, Montréal/Troyes, L'Hexagone/Librairie Bleue, 1988.

WELLS OF LIGHT, *poésie*, trad. Barry Callaghan et Ray Ellenwood, Toronto, 1989.

« L'Écrivain et sa liberté », in *L'Écrivain et la Liberté*, en collaboration, Montréal, L'Hexagone, 1989.

COMMENCEMENTS, *essais*, Montréal, L'Hexagone, 1992.

LES HEURES, cassette audio, choix de poèmes lus par l'auteur, Trois-Rivières, Les Écrits des Forges, 1993.

« Écrire depuis la musique », in *L'Écrivain et la Musique*, en collaboration, Montréal, L'Hexagone, 1994.

MISCELLANÉES EN L'HONNEUR DE GILLES MARCOTTE, en collaboration, Montréal, Fides, 1995.

POUR SALUER ROBERT MARTEAU, en collaboration, Seyssel, Champ Vallon, 1996.

EN FORME DE TRAJET, *essais*, Saint-Hippolyte, Le Noroît, coll. « Chemins de traverse », 1996.

LES ACTES RETROUVÉS. *Regards d'un poète*, *essais*, Montréal, BQ, 1996.

JE SERAI L'AMOUR. *Trajets avec Thérèse de Lisieux*, *essai*, Ville Saint-Laurent, Fides, 1996.

AU DELÀ DU PASSAGE, *poésie*, Montréal, L'Hexagone, 1997.

AUTOUR DU TEMPS, en collaboration, Anthologie de poètes québécois contemporains, Saint-Hippolyte, Noroît, 1997, p. 17-20.

AUTOUR DU TEMPS, en collaboration, Anthologie sonore. Poètes québécois contemporains, musique de Violaine Corradi, C.D. LN-09, Saint-Hippolyte, Le Noroît, Productions Transversales, 1997.

FIGURES INTÉRIEURES, *autobiographie*, Montréal, Leméac, coll. « L'écritoire », 1997.

THÉRÈSE DE LISIEUX, CENT ANS PLUS TARD. *Son actualité, son influence*, en collaboration, « Racines spirituelles de Thérèse de Lisieux ou Thérèse de Lisieux et la spiritualité française du XVIIe siècle », Montréal, Bellarmin, coll. « Communauté et ministères », 1998.

L'EXPÉRIENCE DE DIEU AVEC DINA BÉLANGER, introduction et textes choisis, Montréal, Fides, coll. « L'Expérience de Dieu », 1998.

DANS L'ÉCLAT DU ROYAUME, *essai*, avec six dessins originaux de Mario Merola, Montréal, Fides, 1999.

LE CHEMIN DE LA CROIX, *essai*, avec les émaux de madame l'abbesse Marie-Jean Lord, o.s.b., Montréal, Fides, 2000.

L'EXPÉRIENCE DE DIEU AVEC DÉLIA TÉTREAULT, introduction et textes choisis, Montréal, Fides, coll. « L'Expérience de Dieu », 2000.

Collection du Nénuphar

Olivar Asselin
Pensée française

Marius Barbeau
Le rêve de Kamalmouk

Robertine Barry (Françoise)
Fleurs champêtres suivi de *Méprise*

Honoré Beaugrand
La chasse-galerie
Jeanne la fileuse

Marie-Claire Blais
Une saison dans la vie d'Emmanuel

Napoléon Bourassa
Jacques et Marie

Pierre-J.-Olivier Chauveau
Charles Guérin

Adrienne Choquette
Laure Clouet suivi de *La nuit ne dort pas*

Robert Choquette
Élise Velder
Œuvres poétiques (2 tomes)

Sylva Clapin
Contes et nouvelles

Laure Conan
Angéline de Montbrun
Œuvres romanesques (3 tomes)

Alfred DesRochers
À l'ombre de l'Orford suivi du *Cycle du Village*
Œuvres poétiques (2 tomes)

Léo-Paul Desrosiers
Les engagés du Grand Portage
Les opiniâtres

Marcel Dubé
Zone suivi de *Le temps des lilas*

Fernand Dumont
Le lieu de l'homme

Jules Fournier
Mon encrier

Louis Fréchette
Contes (2 tomes)
Mémoires intimes

Guy Frégault
La civilisation de la Nouvelle-France, 1713-1744

Hector de Saint-Denys Garneau
Poésies. Regards et jeux dans l'espace. Les solitudes

Rodolphe Girard
Marie Calumet

Jacques Godbout
Salut Galarneau! suivi de *Le temps des Galarneau*

Alain Grandbois
Né à Québec. Louis Jolliet
Les voyages de Marco Polo

Lionel Groulx
L'appel de la race

Germaine Guèvremont
Marie-Didace
Le survenant

Louis Hémon
Maria Chapdelaine

Rina Lasnier
Poèmes (2 tomes)

Marie Le Franc
La randonnée passionnée
La rivière solitaire

Jean Le Moyne
Convergences

Pamphile LeMay
Contes vrais

Clément Lockquell
Les élus que vous êtes

Jean-Aubert Loranger
Contes (2 tomes)

Antonine Maillet
La sagouine

Frère Marie-Victorin
Croquis laurentiens

Paul Morin
Œuvres poétiques

Émile Nelligan
Poésies complètes, 1896-1899

Edmond de Nevers
L'avenir du peuple canadien-français

Fernand Ouellette
Choix de poèmes

Ringuet (Philippe Panneton)
L'héritage et autres contes
Trente arpents

Robert de Roquebrune
Cherchant mes souvenirs

Quartier Saint-Louis
Testament de mon enfance

Félix-Antoine SAVARD
L'abatis
Le barachois
La dalle-des-morts suivi de *La folle*
Menaud, maître-draveur
La minuit

Jean-Charles TACHÉ
Forestiers et voyageurs

Yves THÉRIAULT
Ashini

Paul TOUPIN
Au commencement était le souvenir

Pierre VADEBONCOEUR
La ligne du risque

Achevé d'imprimer chez
MARC VEILLEUX IMPRIMEUR INC.,
à Boucherville,
en novembre 2000